間宮林蔵の肖像　原図は戦火で焼失。（間宮林蔵記念館［茨城県つくばみらい市］協力）

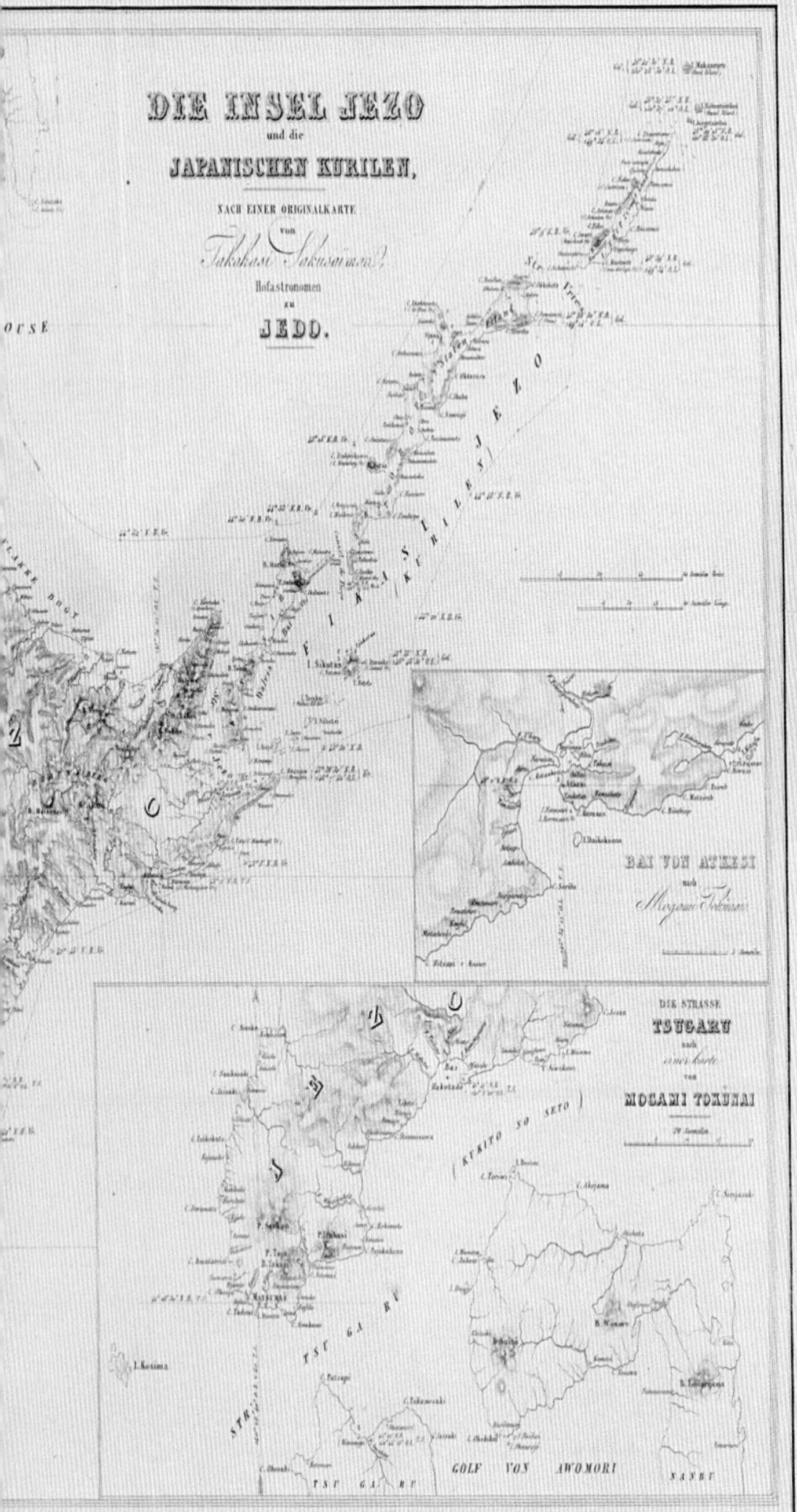
DIE INSEL JEZO
und die
JAPANISCHEN KURILEN,
NACH EINER ORIGINALKARTE
von
Takakasi Sakusaimon,
Hofastronomen
zu
JEDO.
BAI VON ATKESI
nach
DIE STRASSE
TSUGARU
nach
einer karte
von
MOGAMI TOKUNAI
GOLF VON AWOMORI
NANBU
I. Kosima
I. Sikotan
KUKITO NO SETO

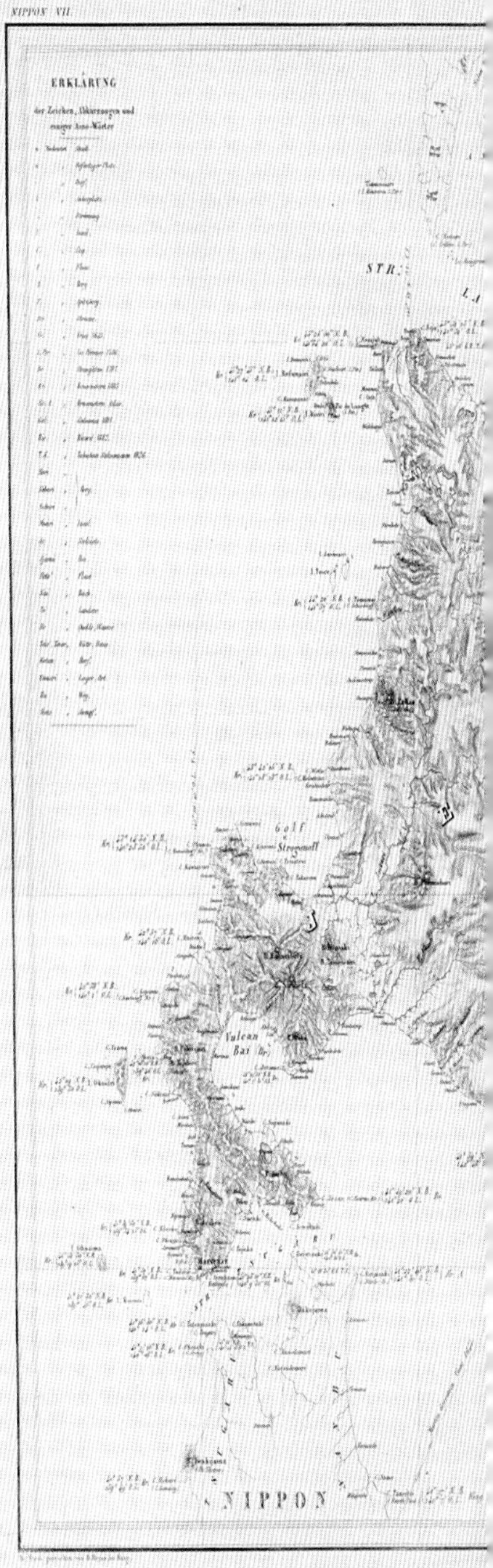

間宮林蔵実測の蝦夷図
図の表題にドイツ文字で「江戸の宮廷天文学者高橋作左衛門（景保）の原図による」とあるのに注意。右下は最上徳内の地図。
（シーボルト著『日本』収載，九州大学附属図書館蔵）

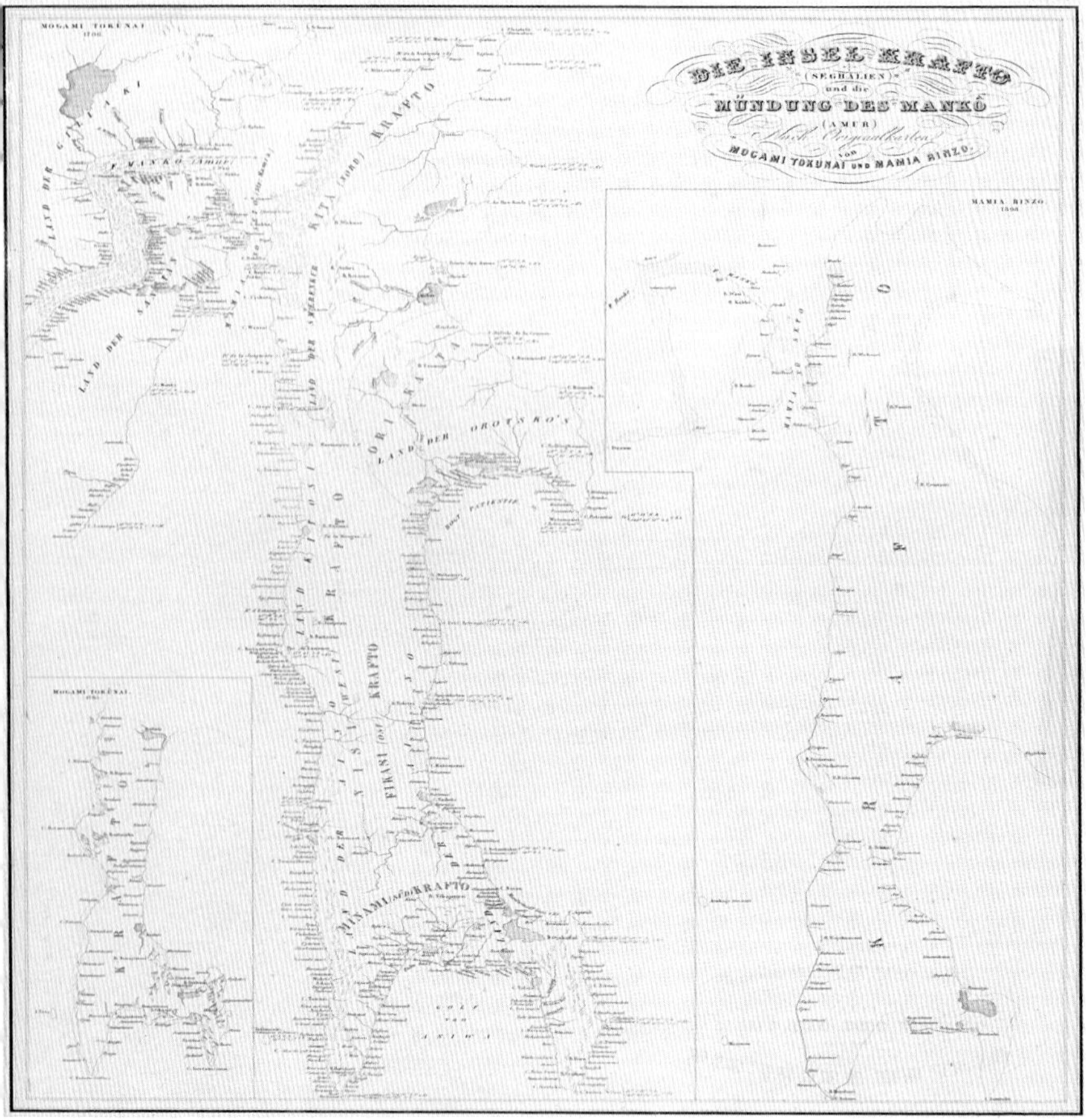

カラフト図（左）ドイツ文字で「1785，最上徳内」とあるが，実は1801年高橋次太夫と中村小市郎の合作図。

（中）ドイツ文字で「1786，最上徳内」とあるが，実は1811年以後の合作図。

（右）間宮林蔵の実測図。

（シーボルト著『日本』収載，九州大学附属図書館蔵）

新・人と歴史 拡大版 28

未踏世界の探検者 間宮林蔵

赤羽榮一 著

SHIMIZUSHOIN

本書は「人と歴史」シリーズ（編集委員　小葉田淳、沼田次郎、井上智勇、堀米庸三、田村実造、護雅夫）の『間宮林蔵』として一九七四年に、「清水新書」の『未踏世界の探検・間宮林蔵』として一九八四年に刊行したものに表記や仮名遣い等一部を改めて復刊したものです。

はじめに

わたくしは間宮林蔵と同村の出身である。林蔵については幼いときから家族や村の故老から、いろいろ聞かされていたので、二〇歳をすぎたころから林蔵を研究し、その真の事蹟を明白にしたいと考え、折をみては各所の図書館にかよい資料を蒐集しているうち、従来の林蔵伝に間違いの多いことを発見した。その第一は、間宮林蔵にカラフト見分を命じたのは天文方の高橋景保《かげやす》であるという説である。これは芦田伊人先生にはじまるもので昭和一三（一九三八）年の秋、故皆川新作先生とわたくしの二人が芦田先生宅をおとずれ、このことについて同先生に問いただしたところ、同先生の答えは文化四（一八〇七）年一二月、幕府から高橋景保が世界全図の作製を命ぜられたため、カラフトの地形を知る必要にせまられ、林蔵にカラフト見分を命じたのであろうということであった。芦田先生の説が正しいか、どうか、国立（以下略）国会図書館所蔵の淡斎如水著『休明光記《きゅうめいこうき》遺稿《いこう》』をよむことによって明らかになるであろう。

同書によればカラフト島の周回ならびに風俗、或はサンタン・満州のものどものようすなどをも、くわしく尋ねきわめさせようと箱館《はこだて》奉行の戸川筑前守と羽太安芸守の両人が、松田伝十郎と間宮林蔵を遣《つか》わしたという（取意）、淡斎如水は箱館（今の函館）にすみ、当時の事情に精通した人である。如水の記述に間違いはなかろう。

次はカラフト見分のため箱館奉行に林蔵を推薦《すいせん》したのは高橋景保であるという説である。このくらい箱館奉行の立場を理解しない謬説《びゅうせつ》はない。当時の箱館奉行はカラフトの経営、国境の確定という、さしせまった事情からカラフトの地形を明らかにせねばならなかったのである。景保の推薦をまつまでもなく、奉行の配下から適任者をカラフトに派遣せねばならぬ立場であった。事実、林蔵のカラフト派遣は、景保が幕府から世界全図の作製を命ぜられるより六か月も前に、箱館奉行において決定していたのである。景保の推薦を必要としなかった。

次はシーボルトである。今までシーボルトは近代医学に造詣《ぞうけい》がふかい名医といわれていたのであるが、これは疑わしい。大槻玄沢《おおつきげんたく》の『蘭説弁惑』によると和蘭から長崎にきた医師に名医はいない。本国では一本立ちできない技術を一通りおぼえただけの未熟もので、外科と内科をかね修業を心がけるものであったという。シーボルトもその一人に相違ない。森銑三先生の示教により閲読した静嘉堂文庫の本間玄調の書簡に「シーボルトは異国の人と申すだけで初学のようである」（取意）との一句がある。事実シーボルトは簡単な手術でももてあまし、手がふるえて汗をながす有様であったことは呉秀三博士『シーボルト先生』所引の上田公鼎《こうてい》著『眼家一家言』に記載されている。こうしたことから、名医とよぶには程とおい初学者であったことがはっきりするのである。したがって、わたくしはシーボルトを名医または日本医学の大恩人と崇《あが》めることに躊躇《ちゅうちょ》せざるを得ない。疑問の人なのである。

次はシーボルト事件発覚の端緒といわれるシーボルトから贈られた小包を、林蔵が幕府にとどけたことである。これは先年、わたくしが呉茂一先生の御好意により閲読した『高橋一件』に記載されており、すでに呉秀三博士が、その著『シーボルト先生』に引用されたことであるけれども、今まで林蔵を伝えた人びとは、林蔵の小包届出を密告と解釈した。しかし当時の規則を調べると、これは密告ではなく、誰でも外国人から直接、物品を受け取ることを恐れ、この手続をとったことが分かる。いわば正規の手続であったのである。

林蔵は晩年において、幕府の隠密《おんみつ》御用をつとめたため、従来の林蔵伝には世界的探検家から隠密に転落し不遇のうちに、その生涯をおわったとか、悲惨な暗い生活をおくり窮死《きゅうし》したなどとある。

これも甚だしい誤りで、わたくしの調べたところでは、その逝去まで幕臣としての俸禄を支給され、すこしも生活にくるしんだ様子がない。また幕臣としての地位を下げられたこともなければ減俸されたこともない。かえって隠密時代に二回も増俸の沙汰をうけている。それだけ林蔵の地位がすすみ、平隠にその生涯をおわったのである。

林蔵は蝦夷地勤務中、蝦夷地の実測を、その職務とし命がけの努力をかさねたにもかかわらず、今まで、この事実は明白にされなかった。わたくしは林蔵の蝦夷地測量にかんする資料の蒐集《しゅうしゅう》につとめ、幾分なりとも彼の功績を明らかにするよう心がけたつもりである。

なお本稿執筆にあたり、資料として利用した日記・書簡・書籍などの題名および、その所在は、これを巻末の参考文献欄に一括記載したことを付記しておく。

※本書には、「蝦夷人」「夷人」「土人」など、現在では不適切な用例がありますが、当時の史料にもとづくものであり、また、著者の原史料を重んずるという意向を尊重し、一九七四年刊行の底本のままとします。

——清水書院編集部

目次

Ⅲ　晩年時代

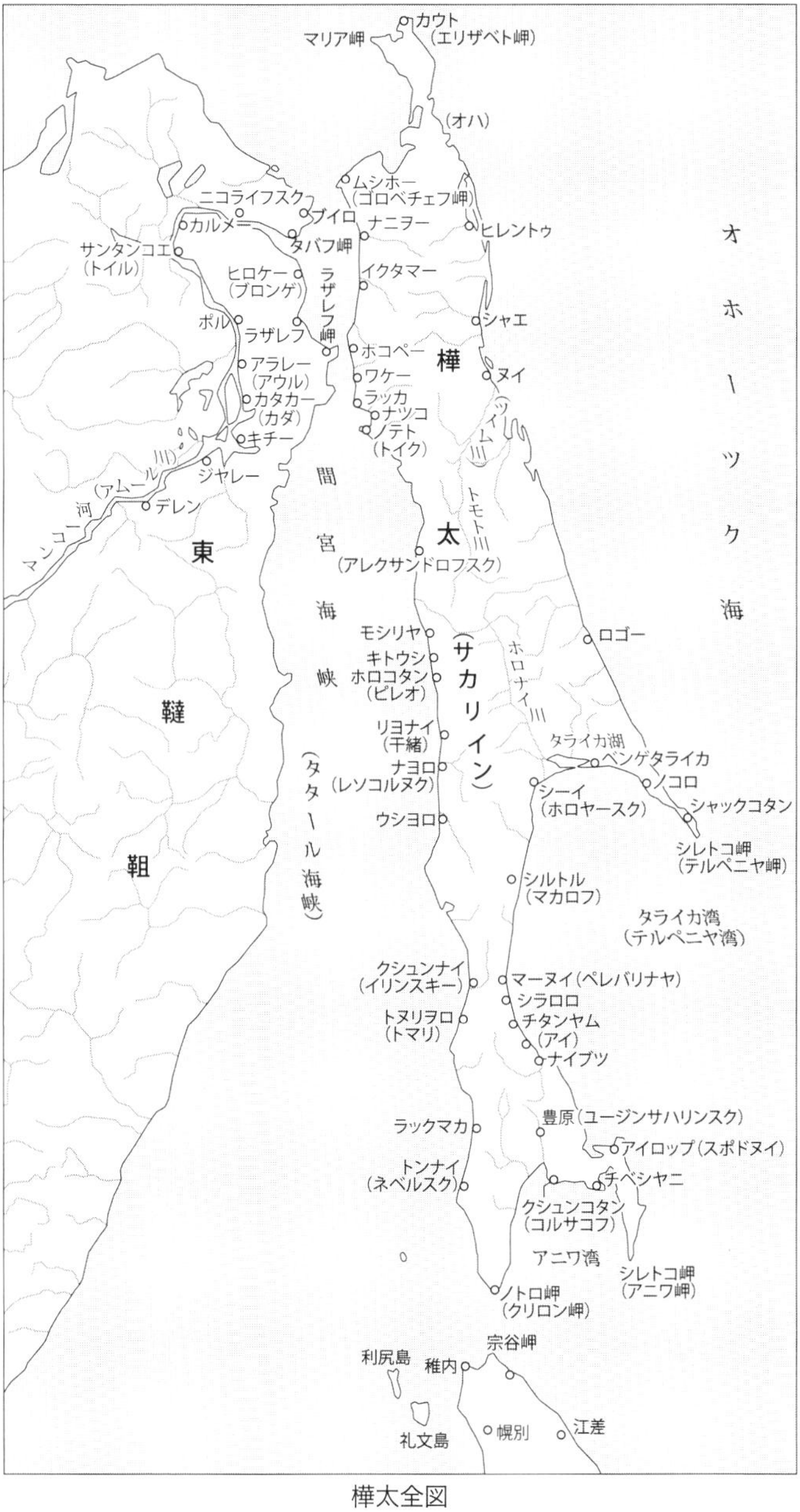
カウト
マリア岬
（エリザベト岬）
（オハ）
ムシホー
（ゴロベチェフ岬）
ニコライフスク
プイロ
カルメー
タバフ岬
ナニヲー
ヒレントゥ
サンタンコエ
（トイル）
ヒロケー
（ブロンゲ）
ラザレフ岬
イクタマー
オホーツク海
ポル
ラザレフ
シャエ
ホコペー
樺
アラレー
（アウル）
ワケー
ヌイ
カタカー
（カダ）
ラッカ
ナツコ
ノテテ
（トイク）
キチー
（ツイム川）
（アムール川）
ジャレー
間宮海峡
マンコー河
デレン
トモト川
太
東
（アレクサンドロフスク）
モシリヤ
（サカリイン）
ロゴー
キトウシ
ホロナイ川
ホロコタン
（ピレオ）
韃
リヨナイ
（千緒）
タライカ湖
ペンゲタライカ
ナヨロ
（レソコルヌク）
ノコロ
（タタール海峡）
シーイ
（ホロヤースク）
シャックコタン
ウシヨロ
靼
シレトコ岬
（テルペニヤ岬）
シルトル
（マカロフ）
タライカ湾
（テルペニヤ湾）
クシュンナイ
（イリンスキー）
マーヌイ（ペレバリナヤ）
シラロロ
トヌリヲロ
（トマリ）
チタンヤム
（アイ）
ナイブツ
豊原（ユージンサハリンスク）
ラックマカ
アイロップ（スポドヌイ）
トンナイ
（ネベルスク）
チベシヤニ
クシュンコタン
（コルサコフ）
アニワ湾
シレトコ岬
（アニワ岬）
ノトロ岬
（クリロン岬）
宗谷岬
利尻島
稚内
幌別
江差
礼文島
樺太全図

I

林蔵の生い立ち

林蔵の生家

❖林蔵を知らなかった子孫

こんにち、間宮林蔵《まみやりんぞう》といえば、高等学校の教科書にも記載され誰知らぬものはないが、徳川幕府時代は、その身分が低かったため、世間の注意をひくこともなく、一部の識者のあいだに知られただけで、現代のように有名ではなかった。茨城県筑波郡谷井田村《やいた》（今のつくばみらい市）上平柳《かみひらやなぎ》の生家の人びとも自分の先祖が、日本歴史上の英傑《えいけつ》、世界的探検家であることを知らず、林蔵の遺品などたくさんあったものを、惜しげもなく他人に与えたり、我が用にたしてしまった。地図は紙質がよいというので凧《たこ》をつくり、測量用の鎖《くさり》は馬桶《うまおけ》の綱として使用していた。それが国宝ともいうべき品と気づいたのは、明治二二（一八八九）年になってからである。

当時、間宮の姓を名のる四人の子供が、小貝川をへだてた隣村の北相馬郡高井村の小学校に入学した。すると、その学校の岡田毅三郎《きさぶろう》（二二歳）校長から、「同じ間宮の姓であるが、間宮林蔵という人を知っているか」と尋ねられた。四人のうちの一人、林市（のち二代目の正倫）が、それは私の先祖であるという。それから林市の父、庄吉に面会し、林蔵の事業を語り、ともに林蔵の事蹟を調査しようとちかいあった。庄吉は、のちに名を正倫と改めた。この名は筆者の曽祖父《そうそふ》、良吉が与えたもので、庄吉の庄の音と倫宗（林蔵の諱《いみな》）の倫をとったのである。諸書に「せいりん」、「まさとも」などと振り仮名してあるけれども、これは「しょうりん」と音読するのが正しい。

家系・庄兵衛——林蔵——正平——梅吉——正倫——正倫——林蔵——雅章

正倫と毅三郎の二人は、まず遺品の蒐集につとめた。その結果、今では次のような遺品がある。

一、海瀕舟行図《かいひんしゅうこうず》（遺品は間宮林蔵顕彰会『間宮林蔵の偉業』参照）
中国・四国・九州の海岸の図である。折りたたみ式で三巻からなる大図。

一、測量用の鎖
林蔵が蝦夷地《えぞち》、すなわち北海道（明治二年から）の測量に使用したものである。馬桶の綱として使用していたが、取りはずし、遺品の一つとして取り扱うことになった。

一、天ガラス（ゾンガラス）
測量の際、太陽をのぞむガラスである。把手《とって》のついた縦横五センチの角形の板にはめ込んである。板にSragantiときざんである。間宮正倫が、この天ガラスを東京帝国大学人類学教室に持参し、坪井正五郎博士に文字の解読を乞《こ》うたところ、これは天ガラスを逆にSragantiときざみこんだことが明らかになった。

一、韃靼《だったん》石の硯《すずり》

岡田毅三郎がこの硯を東京帝国大学人類学教室に持参し、鏡検の結果、ひん岩《がん》であることが明らかになった。ひん岩は東部シベリヤ地方にあるものであるから、林蔵が探検の途上、岩の一部を持ち帰り硯に製したことが明白となった。

一、頭巾《ずきん》

防寒用の頭巾である。当時、蝦夷地で働いたものは誰でも、このような頭巾を用いたので松田伝十郎の『北夷談《ほくいだん》』に「雪焼《ゆきやけ》と云事《いうこと》あり、耳並陰嚢《みみならびにいんのう》を能《よ》く手当して焼ざる様、致すなり」（中略）「頭は頭巾二重にして眼ばかりを出し旅行す」とある。この頭巾も眼ばかり出るようになっている。

一、蝦夷布

アツシ織であるという。林蔵は蝦夷地の測量をするとき常に、この蝦夷布を肩にかけて歩いたという。布の端《はし》に次の書き入れのある綿布がぬいつけられてある。

「此氈《せん》は亡母やす子君、其養父、間宮林蔵先生より拝領之品に付、記念之為、我子孫に遺《のこ》し置者也」

龍ヶ崎町　　持主　海野《うんの》佐兵衛

「やす子」は狸渕《むじなぶち》の名主、飯沼《いいぬま》家の女で龍ヶ崎《りゅうがさき》の海野家にとついだ人である。アッシはアツニという木の皮をはぎ、十余日、水にひたし麻のようにし、織物にしたものである。蝦夷地の男女は、これを服に仕立てて着用した。

一、書簡、二通

養父、飯沼甚兵衛《じんべえ》にあてたもの、蝦夷地勤務の林蔵が郷里、上平柳にすむ年老いた両親の世話を依頼した書状である。林蔵は親思いで、老いた両親が苦労しないよう常にあたたかい心づかいをしていたことがわかる。

林蔵が幕臣に取り立てられたとき、平百姓《ひら》の倅《せがれ》では都合が悪く、隣村、狸渕の名主、油屋、飯沼甚兵衛の養子となった。この親子関係は林蔵の逝去まで続き、江戸および蝦夷地では狸渕の名主の倅として知られていた。

一、林蔵の内妻「りき」の書簡

晩年の林蔵には一人の内妻がいた。名を「りき」という。女ながら激しい気性の人で、越後の出生であるという。

この書簡は、林蔵の急病を飯島甚兵衛に報じたものである。甚兵衛は長寿を保ち、嘉《か》永《えい》二（一八四九）年一二月三〇日（旧暦）に逝去した（浄円寺過去帳）。甚兵衛の墓は狸渕にあるが、その墓石は非常に立派である。

一、借用証文、一通

狸渕の釜屋《かまや》（渡井）藤兵衛にあてたもの。林蔵は釜屋藤兵衛と懇意で、晩年にも釜屋家を訪問し、止宿したことがある。同家の女「リン」は、長じて筑波郡久賀村下萱場（今の取手市下萱場）の幸田家にとつぎ、明治四〇年代まで生存していた。この「リン」の口述にもとづき、松岡映丘《えいきゅう》のえがいたのが、今、広く流布している林蔵の肖像である。「リン」の話によると、林蔵が釜屋家を訪問したとき、たっつけ袴をはき、藍みぢんの紋付羽織をきていた。身長は約五尺二寸、がっしりした体格で、眼光するどく両刀をさした姿は立派であったという。そのころ上平柳、狸渕などにはなかった煎餅《せんべい》を林蔵は江戸の土産物《みやげもの》として少女の「リン」に贈ったという（間宮英崇筆記）。

❖少年の林蔵

林蔵の少年時代の逸話が最初に筆録されたのは、明治三四（一九〇一）年刊行の『新編常陸国誌』である。これは「飯島省三郎筆記」となっているのであるが、寡聞《かぶん》な筆者は飯島が林蔵の事蹟調査をしたという話をきいたことがない。間宮正倫と岡田毅三郎両翁の努力によって明らかにされたことを、飯島が横から出てきて筆録したものにすぎない。その上、この筆記には上平柳をよく知らぬ『新編常陸国誌』の編者、栗田寛博士が、構文の都合から勝手に筆を入れ、かえって事実から遠ざけてしまった箇所がある。故に筆者は故岡田毅三郎、故二代間宮正倫の両翁および村の故老から直接きいたことを次に記述しよう。

林蔵は安永《あんえい》九（一七八〇）年、常陸国（茨城県）筑波郡上平柳において生まれた。名を倫宗《ともむね》、号を蕪崇《ぶすう》という。父は庄兵衛、母は森田氏、名を「くま」という。隣村、下総国（茨城県）北相馬郡高井村の人である。

寛永《かんえい》年間（一六二四～四四）、関東郡代伊奈《いな》半十郎が谷原《やはら》三万石、相馬二万石の開拓をしたとき、間宮隼人《はやと》という浪人がこの上平柳に住みつき、その後、分家が三軒できた。林蔵の生家はその分家の一つである。

父の庄兵衛は農のかたわら箍屋《たがや》をいとなみ、かなり余裕のある生活をしていた。子供の生まれないのをなげき、稲敷郡茎崎《くきざき》村樋ノ沢《ひのさわ》の月讀《つきよみ》（読）神社（さんやさまという）に賢い男の子をさずけられるように祈願した。かくて生まれたのが林蔵である。林蔵は一人子ながら、子供のときから悧発《りはつ》であった。生家のかたわらに小貝川がある。子供の林蔵は、その川の深浅や樹木の高低、道路の遠近をはかるのを楽しみにしたという。

一三歳のとき村の人に伴われて筑波山に参詣した。周知のとおり筑波山は、その頂上においいて男体と女体の双峰にわかれる。そして男体の峰にいたる途中において脇にそれる細い道があり、その奥に立身窟《りっしんくつ》がある。窟といっても洞窟ではなく高さ三丈《じょう》（約九メートル）ほどの巨岩の壁立したところである。子供の林蔵は、ただ一人、そこに残り手灯《しゅとう》をともして立身出世を祈願した。手灯とは掌に油をたらし灯芯《とうしん》をおいて火を点ずることである。ところが麓の旅宿に帰った村人たちは、深夜になっても林蔵が宿に戻らないので心配で眠ることができない。翌朝、林蔵が平然と帰ってきたので、驚いてよく見ると、掌を火焼《やけど》していたという。

上平柳の東のはずれに長隆寺があった。子供の林蔵は、これに五刻まいりをして立身出世を祈願したという。

また、当時、差別を受けていた部落の人びとの籠のなかに入って喜んであそんだともいう。

上平柳の子供たちは、夏になると小貝川で水泳をするのがならわしであった。林蔵もこの川で泳ぎ、水泳に熟達していたであろう。小川琢治《たくじ》博士執筆『間宮林蔵』所収の「御普請役《ごふしんやく》間宮林蔵に付奉伺候書付」に「海川は泳渡り」とある。

❖林蔵の師

今までに知られている林蔵の師は、上平柳の専称寺住職、情誉伯栄、および地理学者として有名な村上島之允《しまのじょう》（秦檍丸《あわきまる》）、ならびに日本地図の作製者として名高い伊能忠敬《いのうただたか》である。

情誉伯栄は寺子屋の師匠である。林蔵に読み書き、算盤《そろばん》の手ほどきをした人である。『新編常陸国誌』に「九歳、学に就く」（原文、片仮名）とあるから、そのころ林蔵も寺子屋かよいをはじめたのだろう。当時、寺子屋かよいをするものは裕福な家庭の子弟に限られ、その数はきわめて少なかった。今まで林蔵を伝えた人びとは、林蔵を貧農の子としたのであるが、その日の生活に事欠くような貧農では子供を寺子屋にかよわせない。

村人の伝承によると一四歳の林蔵が、中平柳《なかひらやなぎ》の海老原《えびはら》半兵衛について算盤を学ぼうとしたら、二一天作の五と教えられたので、そんなことならわかっているといって帰ってしまったという。しかし、この話には何か伝えもれがありはしないだろうか。一四歳といえば林蔵が寺子屋にかよいはじめてから、すでに五年になる。寺子屋において加減乗除、算盤を学ばぬはずがない。つまり現代の中学生が珠算塾にかようのと同じわけだが、林蔵だけはわかっているといって帰ってしまったので、評判となり、後世に伝えられたのであろう。

上平柳の東一〇町（一町は約一〇九メートル）ほどのところに岡堰《おかぜき》がある。この堰は相馬郡中部、元三二か村の灌漑《かんがい》に便するため、寛永八（一六三一）年、関東郡代、伊奈半十郎によって創設されたものである。毎年、春の彼岸に堰をとめ、土用あけて一〇日目に堰を切る。今は機械仕掛けになっていて、堰とめ、堰切りの作業も簡単だが、むかしは毎年、この工事を繰り返したのである。

故岡田毅三郎翁の談によれば、この工事は半官半民の合同支弁である。農民は粗朶《そだ》をもちより、労力を提供したのである。工事のうち堰切り工事は簡単なものだが、堰とめ工事はなかなかの難事業であった。まず中平《なかひら》土手と中土手の双方から土俵《つちだわら》を川に投げこむ。川幅は次第にせまくなって、水の流れはますます激しくなる。最後の瞬間がもっとも困難な作業で、土俵を押し流されることもたびたびあったという。

子供の林蔵は、この工事を見ていてその拙劣さをわらい、それが普請掛《ふしんがかり》の役人にとがめられた。林蔵は臆せず、これに答え、役人がそのとおり実行すると、工事がはかどり驚いたとのことである。

間宮家の伝承によると、このときの役人が、林蔵を江戸につれてきて、幕臣にしたとのことであるが、林蔵のその後の経歴を考えあわせると、この説は疑わしい。

❖林蔵と村上島之允

筆者は的確な証拠をもたぬけれども、林蔵の師は村上島之允ではないかと思う。森銑三先生の示教によれば、寛政《かんせい》（一七八九—一八〇〇）の初期、島之允は幕命により安房《あわ》、上総《かずさ》を踏査していたので、ついでに下総《しもふさ》にも足をのばし林蔵の評判をきいたものと思われる。上平柳は常陸といっても筑波郡の南端で、小貝川を渡れば対岸は下総国である。

島之允はこのとき岡堰工事に関係していたのではあるまい。岡堰工事は関東郡代の担当するところだからである。おそらく下総国を巡回中、林蔵の評判をきいたか、または江戸において林蔵の話をきいて感心し、林蔵を門弟に取りたてる気になったのであろう。

とにかく林蔵は島之允に弟子入りしてから数年のあいだ、島之允について各地を踏査し、地図をえがく技倆《ぎりょう》をみがき、同時に、日に二、三〇里も歩くことのできるよう、脚力をきたえたのである。島之允は早足で評判をとった人である。林蔵が島之允から受けた感化はきわめて大きかったと考えられる。

東洋文庫所蔵の『陸奥州駅路図』第五巻に「伊勢州、神都、秦檍丸図、常陸州、間宮倫宗参補」とある。この第五巻は苅和沢から野内・青森・蓬田・平館・今別・三厩《みんまや》および北端の「たつひ岬」にいたる陸奥湾に面した海岸――主として津軽半島の東海岸と、今の青森付近の海岸――をえがいたものである。ここは寛政一〇（一七九八）年より、幕吏がしばしば通行したところである。島之允も林蔵も、その一人であり、実地見聞したところを図にしたのであろう。林蔵が、この図に、どの程度筆を加えたか明白でないけれども、山岳の描写など巻第一・巻第二・巻第三とは少し異なるので、林蔵が加筆したことは疑う余地がない。島之允の指導のもとに筆を加えたものに相違ない。見事な図である。

『陸奥州駅路図』は一里につき七寸の割りでえがいたもので五巻からなっている。島之允の図を奥州須賀川《すかがわ》の安藤重之・同二本松の矢島道政・同桑折の久保勝道・仙台の大場雄渕《ゆうえん》・一戸の吉田寧恒らが校合または参補したものである。野州（栃木県）の奈須（那須）と奥州白川（白河）の郡界からはじまり、福島・槻木・岩沼・仙台・一ノ関・水沢・盛岡・一戸・野辺地を経て南部領、下北半島の大間《おおま》湊にいたる図と、南部領からわかれて、「たつひ岬」にいたる津軽領の海岸の図とがある。林蔵は、そのうちの津軽領の海岸の図だけを参補したわけであるが、島之允の地形の書きとり、描写を手伝っているうち、林蔵の絵をかく技術は上達したのであろう。林蔵の絵は、島之允から仕込まれたものと断定して間違いない。

初歩の測量術も島之允から学んだのであろう。今まで林蔵を伝えた人びとは、寛政一二年、蝦夷地において伊能忠敬とめぐりあい、測量術を学んだとしたのであるが、いかに林蔵が怜悧《れいり》でも忠敬から数日のあいだ学んだとて、どれほどの知識と技術を身につけることができたであろうか、おそらく歩数で距離を測ること、羅鍼《らしん》で方位を定めることくらいではなかろうか。

文化八（一八一一）年五月までの林蔵は、大谷亮吉氏の説のとおり初歩の測量術すなわち規《き》矩《く》術（三角測量）で測量したと考えられる（大谷亮吉『伊能忠敬』）。そしてこの規矩術は島之允から学んだものにちがいない。島之允は幕府の命を受け、各地の地理調査をした人である。規矩術くらいは心得ていただろう。

❖林蔵と伊能忠敬

寛政一二（一八〇〇）年、林蔵が蝦夷地において伊能忠敬と会ったことは、忠敬の『贈間宮倫宗序』に「余、亦、蝦夷地を測り、中路、倫宗と相見え、是より相親しむこと師父の如し」とあるのによって明らかである。しかし単に「中路」では、蝦夷地のどこで、いつ会ったのか不明である。

昭和一二（一九三七）年一〇月、筆者は千葉県佐原の伊能家をおとずれ、ついでに津宮村の久保木竹窻《ちくそう》の生家および同村の竹窻研究家、本宮三香氏をたずね、いろいろ話しているうち、竹窻の書き残したものによって、忠敬と林蔵とが会ったのは箱館（函館、明治二年から）であったことを知った。箱館ならば二人の面談した日時が限られる、すなわち忠敬の往路の五月二二日から五月二九日までか、または帰路の九月一一日から九月一四日までのあいだであろう。忠敬は六月一日、箱館のすこし北の一ノ渡に勤務中の村上島之允を訪問している。寛政一二年の五、六月ごろ林蔵は、いまだ幕府に召し出されず、その身は島之允の従者であったから、島之允と一緒に暮らしていたとみて誤りあるまい。

忠敬と林蔵とが師弟の約をむすんだことは、忠敬が林蔵を門人と呼んでいるから疑う余地がない。しかし林蔵が忠敬から高等の測量術を学んだのは、文化八（一八一一）年五月から一〇月までのあいだ、すなわち寛政一二年より一一年の後のことである。文化五（一八〇八）年のカラフト探検までに忠敬から学んだ測量術は、たいしたものではない。林蔵は蝦夷地在住であり、忠敬は本州各地の測量におわれていた。二人のあいだに師弟の約ができたといっても、二人が会う機会はなく、文化八年五月までは忠敬が手をとって林蔵に高等の測量術をおしえたことはなかったと断定したい。せいぜい手紙で初歩の知識をおしえた程度ではなかろうか。

林蔵、蝦夷地(北海道)に渡る

❖林蔵、普請役雇となる

村上島之允の門弟として修業かたがた数年のあいだ本州の各地をめぐっていた林蔵は、寛政一一(一七九九)年、島之允の従者として蝦夷地(北海道)に渡ったのであろう。故皆川新作氏の示教によれば島之允は寛政一一年、幕府の書院番頭、松平信濃守《しなののかみ》忠明の一行に加わり、蝦夷地に渡ったから、林蔵もその一行に参加したと思われる。函館図書館所蔵の津軽藩士、山崎半蔵の日記に「始めは村上島之允門弟にて従者となりて下り、夷地にて召出され連年詰合」とある。

林蔵が幕臣に取りたてられたのは寛政一二(一八〇〇)年八月で、はじめの職名は普請役雇であった。東京の間宮家所蔵の『間宮孝順先祖書』には「文恭院(一一代将軍家斉《いえなり》)様御代、寛政十二申年八月、蝦夷地御用《ごよう》御雇《おやとい》に罷成《まかりなり》」とある。これによると林蔵の職名は蝦夷地御用雇である。しかし筆者はこの記事に疑問を持つ。何となれば寛政一二年八月には、いまだ蝦夷地御用雇という職名はなかったからである。

当時、蝦夷地の任務にたずさわった幕臣を蝦夷地御用掛と呼んだことは事実であるが、それは便宜上の仮称であって、職名ではない。蝦夷地勤務の幕臣は江戸における職名をそのまま用いていたのであって、たとえば松田仁三郎（のち伝十郎）は寛政六（一七九四）年閏《うるう》一一月二四日、御小人《おこびと》に任ぜられたのであるが、寛政一二年には蝦夷地勤務中といえども、そのままの御小人であった。その他の幕臣たちも勘定《かんじょう》、支配勘定、徒目付《かちめつけ》、小人目付、普請役《ふしんやく》、普請役雇などという職名であった。林蔵一人が、ありもしない蝦夷地御用雇という職名を与えられるはずがない。

林蔵の菩提寺、上平柳の専称寺の過去帳に「御普請役之蒙」（普請役雇の誤り）とあり、函館図書館所蔵、山崎半蔵の日記にも「御雇御普請役」とある。専称寺の過去帳の記事はともかくとして、あれほど林蔵としたしい山崎半蔵が、林蔵の職名をまちがえるはずはあるまい。「測量取調相勤」（『間宮孝順先祖書』）、また林蔵の仕事から推しても、普請役雇であったとするのが正しいと思われる。林蔵の師の村上島之允も当時は普請役雇であった。

蝦夷地勤務の幕臣が、それまでの職名から脱して蝦夷地独特の職名にかわったのは、享和《きょうわ》三（一八〇三）年一月一六日以後である。

普請役雇に任ぜられた林蔵は、はげ山へ杉・檜《ひのき》・楮《こうぞ》などを植えつける仕事をし、三年にしてやや成功したという。師の島之允も夷人たちに畑の耕作を指導していたようである。

しかるに林蔵は享和二（一八〇二）年一〇月、病気のため職を退くにいたった。

そのころ、本州の人びとが蝦夷地に渡り、越年する場合、特殊な養生法を心得、たえずそれを実行しないと寒気と湿気と栄養不良のため水腫《すいしゅ》（脚気）という恐ろしい病気にかかり、その生命を失ったのである。エトロフに勤務した人びとは、過半数がこの病気のため命をおとし、文化二（一八〇五）年に越年した津軽藩士は五一人中、生き残ったものがわずかに七人であった。

頑健な林蔵も、蝦夷地の気候には耐えきれず病気になったのであろう。幸いにも治療が功を奏し、翌三年四月には復職することができた。今度の職名は蝦夷地御用雇であったろう。手当金年一五両であった。

❖『蝦夷生計図説』と林蔵

函館図書館および東京大学人類学教室所蔵の『蝦夷生計図説』は八巻からなる写本で、その第一冊に「伊勢、秦檍丸撰、常陸、間宮倫宗参補」とある。

『蝦夷生計図説』は『蝦夷常用集』、『蝦夷産業図説』、『蝦夷国説』などという題名をもち、イナオ（木幣）・造船・衣服・耕耘などアイヌの生活に関する図およびその説明文を記載したものである。巻首に島之允の嗣子、村上貞助の題言がある。

『蝦夷生計図説』八巻のうち、林蔵がどの程度手を加えたか、またどの箇所が林蔵の筆になったものかはっきりしないけれども、島之允に協力して作りあげたことは事実である。その記事が東蝦夷に限られていること、および『蝦夷国説』に「エトロフ・ラッコ（ウルップ）等の地に至りて見聞したる事あらず」と記載されているから、林蔵が文化三（一八〇六）年、エトロフに渡海する前、すなわち享和（一八〇一〜三）の終わりから文化二（一八〇五）年ごろまでのあいだに書いたものだろう。その後、林蔵は地図の作製にいそがしくて『蝦夷生計図説』の著述に専念することができず、完成にいたらなかったのであるが、アイヌの風俗、生活に関する記録としては、これ以上のものはない傑作である。

❖林蔵、クナシリの地図を作る

林蔵は文化二（一八〇五）年、東蝦夷地のシツナイ（静内）に勤務し、翌三年、エトロフに転じた。蝦夷地勤務は一年交替であるけれども、蝦夷地在住の林蔵は、江戸に帰ることなく、エトロフに転じたのである。そのときクナシリの測量をしたであろう。

内閣文庫所蔵の『蝦夷クナシリ島』図はクナシリ西半の地図である。はじめ筆者は、この図を林蔵の実測図と推定したのであるが、昭和一五（一九四〇）年の夏、内閣文庫においてこの図と伊能忠敬の『大日本沿海実測録』とつきあわせた結果、林蔵の実測図にちがいないことを確かめ得た。

何となれば『蝦夷クナシリ島』図は、西端のケラムイ岬より南岸のチカップナイ、北岸のチヤシに終わっているが、これは『大日本沿海実測録』中、林蔵の実測材料によった「クナシリ島、チカップナイ、ワタラよりチヤシに至る三三里（一里＝三・九キロ）一六町一五間」と一致するし、『蝦夷クナシリ島』図中の実測線も『大日本沿海実測録』中の「トーよりケラムイ岬に至る、二里五丁七間、モシリノシナよりトーブツに至る径測、二里四丁八間、ニシキショロよりフルカマツフに至る径測、二里二八丁二五間」（原漢文）という記載とも符合する。ただし『蝦夷クナシリ島』図は、林蔵の自筆ではなく、誰かが模写したか、または林蔵の実測材料により幕府の天文方において調製したものだろう。海岸線が朱で表されているのは、幕府天文方の調製であることを示すような気がする。

元来、クナシリの測量はエトロフに渡る途中の仕事であるから、便船の都合で測量をなかばにして打ち切り、エトロフに渡ったものに相違ない。

❖林蔵、エトロフの地図を作る

エトロフにおける林蔵の仕事は、新道開設と測量であった。『通航一覧』の記載によると文化三（一八〇六）年七月一五日、林蔵は測量御用のためシベトロに着き、同一七日、蝦夷船で出帆、同二〇日、シャナに帰ってきた。林蔵がアトイヤに野宿したとき、南部の漁民、継右衛門（文化元年ホロムシリに漂着、それからカムチャツカに行き三年六月、エトロフに帰る）らが休息した跡にロシア製の衣服のあるのを見つけたという。これによると文化三年七月、林蔵はすでにエトロフに渡っていて、アトイヤまで測量したのである。

昭和一三（一九三八）年、筆者は内閣文庫において『エトロフ島大概図』を一見した。その図の特徴から推して、林蔵の実測図と考えたのであるが、その後諸書と対比し、この推定がまちがいでないことを確かめることができた。この図は林蔵の自筆である。標題中の「大概」の二字は、林蔵が好んで用いたものであり、久保田見達《けんたつ》の『北地日記』に「此島の絵図を仕立て新道の開設方をつとめたから、地理も功者」（取意）とある。

今、『エトロフ島大概図』を見ると、北岸の地名ならびに地勢の記載は、きわめて詳密であるのに、南岸は点線で表され、そのうえ、地名の記入が、ある一部分をのぞくほか、きわめてまれである。すなわち北岸（オホーツク海）はタンネモイ（西端）よりモヨロ（東端）にいたるあいだが全部実測せられ、南岸（太平洋）はわずかにシャナの南方にあたるルウチヤロより、マトウロ島付近にいたる約六里（凡例により計算）、およびトシモイよりクリキンナイにいたる約二里の地が実測せられただけである。

そして本図によるとシャナよりタンネモイにいたる距離は四二里半（すなわち西半）、シャナよりモヨロにいたる距離は三〇里余（東半）で、周囲およそ二〇〇余里になるという。そして、この図の特徴とするところは、シャナを会所の地とし、フーレベツを番屋の地としていることで、これは明らかに文化四（一八〇七）年四月のシャナ騒乱（詳細は後述）以前の作であることを示すものである。そのうえ、ナヨカよりベトブにいたる新道、シャナよりアリムイにいたる新道、アリムイよりヲトイマウシ山中にいたる新道、ヲタシツよりアッサノボリ（原図、アトシャノボリ）のふもとを東西につらぬく新道の記載がある。これは明らかに文化元（一八〇四）年以後、しかも文化四年四月のシャナ騒乱直前の地形を示すものにほかならない。何となればシャナ騒乱以後、会所はシャナからフーレベツに移転し、またアリムイよりシンムイを経てルベツにいたる新道は、シャナ騒乱の直前に建設されたものだからである。

この図は近藤重蔵名義の『蝦夷図』中のエトロフ、最上徳内の『エトロフ図』よりはるかに進歩したもので、当時世界における最新、最良の図であった。

小川琢治博士執筆の『間宮林蔵』（地学雑誌一八九号）所収の「御普請役、間宮林蔵に付奉伺

候書付」に「クナシリ、エトロフ、シコタンを測量す」とあるので、今まで林蔵を伝えた人びとは、いずれもシコタンを実測したものとして書いたのであるが、これは大いに疑わしい。何となれば『大日本沿海実測録』中、実測の部にシコタンの文字がないだけでなく、内閣文庫所蔵の『蝦夷全図』中、シコタンが少しも実測の形跡を示していないからである。

かくて林蔵の千島測量はクナシリの西半およびエトロフの北岸と南岸の一部に限られているとみて誤りあるまい。

❖林蔵、エトロフにおいて越年

林蔵はエトロフの測量と新道開設に従事しながら、文化三（一八〇六）年をすごして文化四年の春をむかえ、その四月にはエトロフの中心地シャナに勤務していた。

シャナには幕府の建てた会所がある。会所は兵庫の松右衛門が建築したもので、うしろに山を負い、前にシャナ川が流れている。高さ六間半の築地《ついじ》が石垣によって築かれ、正面に門がある。そのなかに第二の築地があり、表門より入って二〇間ほどで行き当たり、それより南へ八、九間ほど行くと二の門がある。これが玄関の正面にあり、玄関の前に大砲が備えつけられてあって、あたかも城のようであった。このほか役宅、長屋、倉庫、小屋、津軽と南部両藩の勤番所など数十棟がたち並び、幕吏の統率のもとに両藩の勤番士二〇〇人が警備にあたっていた。

そのときのエトロフ掛の長官は、箱館奉行支配調役の菊地惣内であった。しかし惣内は前年六月カムチャツカからエトロフに帰ってきた南部領の漁民、継右衛門らを護送して四年四月一九日、家来および同心二人を従え高田屋嘉兵衛《かへえ》の船、辰悦丸《たつえつ》でシャナを出船、箱館に行ったから、調役下役元締の戸田又太夫が、最高責任者として勤務していたのである。このとき戸田は三五歳であった。

今、エトロフで文化三（一八〇六）年をすごし、翌四年をむかえた人びとのうち主な人名をしるすと次のとおりである。

調役、菊地惣内、同下役元締、戸田又太夫、出役在住（伊賀者より）、平嶋長右衛門、出役在住（飯田町火消同心より、シベトロ在住）、児玉嘉内、雇医師、久保田見達、地役同心、若林庄兵衛・峯尾勘右衛門・羽生《はにゅう》惣次郎・橋本幾八・小島勘蔵・粟沢甚五衛門・粕谷与七・井瀧長蔵・岡田武右衛門・梅沢富右衛門・森彦十郎・上嶋惣兵衛・大場専蔵・間宮林蔵、支配人、川口陽助、帳役、伊東行十郎、同見習、新六、番人小頭兼帳役、五郎次・豊吉、番人、佐兵衛・与太郎・喜之助・直吉・作右衛門・喜惣次（船手頭兼）、三太郎・吉十郎・円助・与四郎・熊五郎・七之亟・弥右衛門・安右衛門・文蔵・庄五郎・文次郎・宇兵衛・長内・十兵衛・虎之助（船頭）・竹次郎・三之亟・長兵衛・甚助・松次郎・作之亟・松之助・作之助・嘉蔵・五八・惣七、稼方医師、平野昌宅（妻子とも）、酒造方、仙太郎・三之助・新右衛門、鍛冶、運次郎、

船大工、吉之亟・長松（妻子とも）、江戸の大工、粂八、万吉・松五郎・吉右衛門・惣助、南部の大工、長松・木挽《こびき》、藤七・三助・六蔵、このほかに菊地惣内の家来七人、戸田又太夫の家来一人、児玉嘉内の妻と子二人。

越年した人びとのうち、約半数は、四月五日、エトロフに着いた高田屋の船、寛厚丸（船頭は嘉兵衛の弟、嘉十郎）、および同一五日、入港した辰悦丸（船頭は嘉兵衛）で箱館に引きあげた。右に列記した人びとはエトロフに残ったものであるが、これも五月の勤務交替を待っていたのである（菊地惣内の主従をのぞく）。

このほかエトロフで越年したものは、南部藩の重役、千葉祐右衛門・種市茂七郎、医師、高田立察、および大筒役小頭・同心・働方など合わせて一〇〇余人、津軽藩の重役、斉藤蔵太・早野清太（医師は死亡）、そのほか大筒役小頭・同心など合わせて一〇〇人余、これも五月の交替を待っていたのである。

調役下役の関谷茂八郎は、ウルップ見分の命を受け、四年二月一九日、江戸を発ち、箱館に着いてから高田屋の寛厚丸に乗り、四月五日、エトロフに到着したところであった。四年の春、流氷のとけるのを待って第一番にエトロフに着いた船は、前記の寛厚丸で次は辰悦丸であった（『北辺紀聞』）。

幕府の蝦夷地経営

ロシア人の千島南下

ロシアは一五八一年、イエルマークのシベリア侵入以来、東方経略に意をそそぎ、一六三二年にはヤクーツクに、一六四七年にはオホーツクに城砦《じょうさい》を築き、一六九七年にはアトラゾフの一隊がアナディルスクから、カムチャツカに到達した。ついで一七一一年、千島列島中のシュムシュ（占守）とホロムシリ（幌筵）にきたロシア人があり、一七一三年にはヲンネコタンにきたものもある。一七三九年には海軍中佐スパンベルグの一隊が船で日本の東海を探検した。一七六五年、千島列島中のラショアにきたロシア人のなかには、それからシモシリに渡海、翌年にはエトロフに渡って島中のようすを見分してウルップに帰ったものもある。一七七一年にはラショア、エトロフ両島の夷人と衝突し、互いに殺傷したこともあり、一七七八年には交易願いのため本蝦夷地（北海道）キイタッフ場所のうちノツカマップにきたものもある。

これらのことは松前藩において秘密にされていたのであるが、次第に世上に伝わり、これを憂えるものが現れるにいたった。仙台藩医の工藤平助は『赤蝦夷風説考《あかえぞふうせつこう》』を著わして、蝦夷地の要害が第一であること、ロシアと交易を結び、交易の利潤をもって蝦夷地より金銀銅を掘り出すこと、表立て（公然）の交易を許可することなどを主張した。『赤蝦夷風説考』は幕府に提出され、それが時の老中田沼主殿頭意次《たぬまとのものかみおきつぐ》をうごかした。まず天明五（一七八五）年、普請役五人と下役らを調査のため蝦夷地に派遣した。しかし天明六（一七八六）年六月、田沼意次が失脚し、九月八日、十代将軍家治《いえはる》も死亡したため、幕府の蝦夷地経営は廃止となった。けれどもロシア人の千島南下は少しも衰えず、これを憂える日本人のなかにはロシアをほしいままにさせておくならば、蝦夷地全土がロシア人のために蚕食《さんしょく》されるだろう。これを防ぐには蝦夷地の警備を厳重にしなければならぬ。外寇は天下の仇であって大名限りの敵ではない。全国一致してあたらねばならぬ。一日もはやく箱館に城を構え、備えを堅固にしなければならぬと唱えるものもいた（大原左金吾『北地危言』）。

ここにおいて幕府は小藩の松前家に蝦夷地の統治を一任することができず、再び蝦夷地経営に乗りだしたのである。

❖幕府、蝦夷地経営を開始

幕府の蝦夷地経営は寛政一〇（一七九八）年、目付渡辺久蔵（胤）・使番大河内善兵衛（政寿）・勘定吟味役三橋藤右衛門（成方）および勘定奉行石川左近将監《しょうげん》（忠房）らの蝦夷地調査からはじまる。このとき近藤重蔵・最上徳内・木村謙次《けんじ》らはエトロフに渡海、タンネモイ付近のリコツフに大日本恵登呂府《えとろふ》の標柱をたてた。

同一〇年一二月二七日、幕府の書院番頭松平信濃守忠明が蝦夷地御用の総奉行となり、石川左近将監・目付羽太《はぶと》庄左衛門（正養《まさやす》）・大河内善兵衛・三橋藤右衛門の四人が松平忠明を輔佐して蝦夷地経営にあたることになった。同時に東蝦夷地のうちウラカハ（浦河）からシレトコ（知床）岬にいたるあいだ、および島々を向後《きょうこう》、七か年に限り御用地として松前藩から上納させた。

寛政一一（一七九九）年二月中旬から勘定組頭松山惣右衛門・勘定太田十右衛門・同高橋三平・中間目付深山宇平太・西丸御小人松田仁三郎（のち伝十郎）ら数十名が相ついで江戸を出発し蝦夷地に下った。

松平信濃守・大河内善兵衛・三橋藤右衛門・村上三郎右衛門・遠山金四郎（芝居、講談で有名な遠山の金さんの父）・長坂忠七郎らは三月中旬から下旬までに順次、江戸を出発、五月初旬までに松前に集合、持場、持場におもむいた。林蔵の師、村上島之允は松平信濃守に随行したから林蔵も島之允の従者としてこの一行に加わったであろう。

また南部と津軽の両藩から重役のもの二、三人、足軽五〇〇人ずつをくりだし、箱館を本部として南部藩はネモロ（根室）・クナシリ（国後）・エトロフ（択捉）、津軽藩はサハラ（砂原）・エトロフに勤番所をつくり、警備にあたることとなった。

ウルップには一〇余人のロシア人が住んでいる。その隣島のエトロフの警備が当御用の眼目であるから寛政一一（一七九九）年、淡路島出身の船頭高田屋嘉兵衛に命じてエトロフへの航路を開かせ、翌一二（一八〇〇）年、勘定近藤重蔵・普請役元締格山田鯉兵衛をエトロフ掛として同島に派遣した。両人は高田屋の船辰悦丸に物資を積み込み日の丸の旗をたててエトロフに渡った。そして蝦夷人たちに物資を分かち与え、一七ヶ所の漁場を開き、郷村の制を定めたのである。

享和元（一八〇一）年には中間目付深山宇平太と支配勘定格の富山元十郎がウルップに渡ってロシア人に会い、同島のヲカイワタラに「天長地久大日本属島」の標柱をたてた。また普請役の中村小市郎と小人目付出役の高橋次太夫はカラフトに渡り、東岸のナイブツ、西岸のショウヤまで見分した。

享和二（一八〇二）年二月二三日、蝦夷地奉行が設置され、目付羽太庄左衛門正養と御小納戸頭取戸川藤十郎安諭《やすとき》の二人が蝦夷地奉行に任ぜられ、羽太は安芸守、戸川は筑前守に叙せられた。同時に松平信濃守と石川左近将監は蝦夷地御用を免ぜられた。

同年五月一〇日、蝦夷地奉行は箱館奉行と改称、羽太と戸川の両人が引き続いて奉行をつとめ、同年七月、シリウチ川（箱館と松前のあいだ）を境としてウラカハまでを松前藩から上納させ、東蝦夷地全部を幕府の永久直轄地とした。こえて文化四（一八〇七）年三月二二日、西蝦夷地（カラフトも）全部を松前藩から上納させ、蝦夷全土が幕府の直轄地となり、松前藩を奥州梁川《やながわ》に移した。同年一〇月二四日、箱館奉行は松前に移り松前奉行と改称、奉行の定員も二名増加して四名となった。

Ⅱ

壮年時代

日露の折衝

❖ラクスマンの来航

寛政四（一七九二）年九月三日、蝦夷地のネモロ（根室）場所ハラサンの沖にロシアの使節ラクスマンが輸送船エカテリナに乗って到着した。この船に日本の漂流民、大黒屋光太夫《だいこくやこうだゆう》と磯吉・小市の三人が乗っていた。ラクスマンの目的は日本人の護送を口実に日本と通商貿易を開始することであった。

そのときの幕府の老中首座松平越中守定信は、ロシアの要求を拒絶する方針でのぞみ、翌五（一七九三）年一月、目付石川将監・村上大学の二人を十万石の格式をもつ宣諭使《せんゆし》として松前に派遣した。両人は三月二日、松前に到着、ネモロにおいて寛政四年をすごしたラクスマンを松前に招き、六月二四日、光太夫と磯吉の両人（小市はネモロにおいて死亡）を受けとり、六月二七日「ヲロシヤ国の船一艘、長崎へいたるためのしるしの事」という信牌《しんはい》（パスポート）を与え、通商願いはこれを拒絶して松前を去らせた。

❖レザノフの長崎渡来

文化元（一八〇四）年九月六日、ロシアの船ナデジュダ（希望）が長崎に入港した。ナデジュダにはロシアの使節レザノフ、艦長クルーゼンシュテルンおよび日本の漂流民、津太夫・儀兵衛・左平・太十郎らが乗っていた。レザノフは、先にラクスマンがロシアに持ち帰った信牌をたずさえ、日本との通商貿易を開始するため漂流民を護送してきたのである。

これに対し幕府は目付遠山金四郎を長崎に派遣し、長崎奉行成《なる》瀬《せ》因幡守正定《いなばのかみまささだ》・肥《ひ》田《だ》豊後守頼《ぶんごのかみより》常《つね》とともに文化二（一八〇五）年三月六日、七日の両日、長崎の立山役所（奉行所）においてレザノフと会見、交易願いはこれをしりぞけ、三月一〇日、漂流民四人を受けとった。レザノフは自分の要求が拒絶され信牌も取りあげられたのを憤りつつ、三月二〇日、長崎を去った。それから日本海を北進し宗谷海峡を通過、六月五日（西暦）カムチャツカのペトロパブロフスクに帰った。ここで使節の一行は解散した。レザノフはアリュウシャンおよびアメリカのロシア植民地を視察するため、艦長のクルーゼンシュテルンと別れ、六月二四日、露米会社のマリア号でペトロパブロフスクを出港、カデイアークに行き、それからノブオ・アルハンゲルスクにいたった。この年は、ここですごし、翌年四月、サンフランシスコに転じた。六月にはノブオ・アルハンゲルスクに戻り、ついでロシアの首都ペテルブルク（今のサンクトペテルブルク）に帰ろうとし、オホーツクに上陸して陸路シベリアを旅行中、クラスノヤルスクにおいて馬から落ち、病気のため死亡した。

レザノフは日本に対する恨みを忘れず、報復のため、すでにノブオ・アルハンゲルスクに滞在中、部下の海軍大尉フォストフと海軍少尉ダウイドフにカラフト襲撃を命じたのである。しかし、この命令はロシア政府の承認を得たものではない。レザノフは迷ってカラフト襲撃を取りやめにするような、しないような妙な訓令を与えたので、フォストフはレザノフの真意を確かめようとした。けれどもレザノフは、すでにオホーツクを出発した後だったので、最初の計画どおりカラフト襲撃を決行することとしたのである（田保橋潔『近代日本外国関係史』・矢野仁一『ロシアの東方政策』）。

フォストフの襲撃

❖フォストフ、カラフトを襲う

かくてフォストフの率いる一隊は大砲を備えたユノ号に乗り、オホーツクを出船、カラフトのアニワ湾にいたり、文化三（一八〇六）年九月一一日、オフイトマリの沖に投錨した。そして端艇《たんてい》（はしけ、ボート）二艘に二〇余人が乗りこんで上陸し、チウラブシクルというアイヌの家に押し入り、一七、八歳になる少年一人を捕えた。両親がこれをさえぎろうとすると鉄砲を打っておどし、「サハリン島幷に島内の人民を自今、露国アレキサンドル第一世帝の所轄に属せしむ」（海軍軍令部訳『ゴローウニン日本幽囚実記』）というロシア文字をきざんだ真鍮板《しんちゅうばん》を残し、少年を本船につれこんだ。

その日の夕方、クシュンコタン（大泊の一部、今のコルサコフ）の沖に移り、翌一二日、五つ半（午前九時）ごろ端艇三艘、革舟一艘に三〇人ほど乗りこんで海岸にこぎよせた。三人が端艇に残り、その余は上陸してまず七、八人が番屋に押し入った。他は番屋の外をかため鉄砲を二挺、入口に打ちちがえ、内部から逃げだすことができないようにした。番屋ではチウラブシクルの通報により、番人（日本人）たちが蝦夷人（アイヌ）を集め、対策を協議中であった。なかに入ったロシア人たちは腰をかけ煙草《たばこ》をすいはじめた。番人が飯に塩引（鮭）をそえて出したけれども、食べようとしない。椀をちらしてから首領らしいものが、ポケットのなかの帳面を取り出し何かいったけれどもいっこうにわからない。ただ「日本、商《あきな》い」ということだけが聞きとれた。首領は羅紗《らしゃ》の切を示し商いというので、商いは禁制であると手まねで答えると、首領は大声を発し外のものを呼び入れ、番人の富五郎・酉蔵《とりぞう》・福松の三人を捕えて縛りあげた。これを見た夷人たちが逃げだすと、ロシア人はそれに構わず、富五郎・酉蔵・福松に二、三人付き添って本船に連れこんだ。源七は逃げ去り酒部屋付属の寝間の縁の下にひそんだが、ロシア人は源七を探しあて、縁の下へ鉄砲を打ちこんだ。よんどころなく源七が飛び出したところを捕えて縛りあげ、本船に連れこんだ。それから縄をとき砂糖入りの茶（紅茶？）を飲ませ、胴の間の穴に入れ、蓋《ふた》をしてしまった。

それからロシア人たちは番屋・板蔵などにある米六〇俵・椀・鍋・綱・木綿・釜などを船に運び入れ、番屋・板蔵・茅蔵・図合舟（漁船）・弁天社など一一ケ所に放火し、真鍮板を残して本船に引き揚げた。このとき、前日オフイトマリで捕えた夷人の子を放還し、一七日まで滞船、一八日、クシュンコタンの沖から去った。

一一月五日、カムチャツカのペトロパブロフスクに帰着、上陸してその年をここですごした（『北島外寇録』）。

フォストフはロシア文字と和蘭《オランダ》文字で日本への通商願いの書をしたため、源七に日本文の裏書きをさせた。それから武備をととのえ、ユノ号（大船）、アウオス号（小船）の大小二艘の武装船に六〇余名が分乗し、日本人四人はユノ号に乗せて四月三日、ペトロパブロフスクを出港した。ユノ号はフォストフが指揮しアウオス号はダウイドフが指揮した。

❖箱館奉行、警備に尽力

文化三（一八〇六）年の秋から翌四年の春にかけて、カラフトと蝦夷地との交通は杜絶していた。そのためフォストフのカラフト襲撃は蝦夷地においてそれを知るものがなかった。文化四（一八〇七）年三月四日、松前藩のソウヤ支配人元締徒士格《かち》、柴田角兵衛がカラフトのシラヌシに着船したところ、同所の乙名《おとな》（名主）蝦夷アシニケより報告され、初めて事件を知ったのである。柴田はたいそう驚いてソウヤに戻り、飛脚をたてて注進におよんだ。その飛脚は四月六日、松前に到着、松前藩より箱館奉行に通報した。ときの箱館奉行は羽太安芸守正養であった。正養は急使をもってこれを江戸に報じたのである。

このとき西蝦夷地（カラフトも）は松前藩の領地で、いまだ箱館奉行に渡されなかったとはいえ、すでに松前藩に上地を申し渡してあるので箱館奉行としても警備を厳重にしなければならない。そこでちょうど箱館に居合わせた津軽藩士八〇人に箱館奉行支配調役並、深山宇平太および調役下役小川喜太郎を付き添わせてソウヤへ派遣した。

そしてまた、津軽と南部の両藩に加勢を請求するとともに、酒井藩（庄内）と佐竹藩（秋田）にも出兵を促した。五月二五日から佐竹藩の五九一人をはじめ南部藩の九〇〇人、ほかに定式の二五〇人、津軽藩の六九二人、ほかに定式の二五〇人、酒井藩の三一九人がおいおい箱館に到着、総勢三〇〇〇余人となった。

箱館奉行はこの人数を次のように配置し武器・弾薬・粮食などを用意してロシア人の来襲に備えた（『休明光記』）。

箱館	南部勢	三四二人
	佐竹勢	五九一人
サハラ（砂原）	南部勢	三〇人（見張）
ウラカハ（浦河）	南部勢	一〇〇人
アッケシ（厚岸）	南部勢	一三〇人
ネモロ（根室）	南部勢	一三〇人

クナシリ（国後）　南部勢　三八〇人
松前　南部勢　一三〇人
津軽勢　三三〇人
酒井勢　三一八人（一人病死）
エサシ（江差）　津軽勢　二〇〇人
ソウヤ（宗谷）　津軽勢　二三〇人
シャリ（斜里）　津軽勢　一〇〇人

江戸在勤の箱館奉行、戸川筑前守安論は勤務交替のため五月一〇日、江戸を発足して箱館に下向、仙台領の舟狭村で休息中、ロシア人来襲の報に接した。そこで道をいそぎ六月一二日、箱館に到着し、羽太正養と力を合わせて防備に尽力することとなった（松田仁三郎〔伝十郎〕は戸川に同行したのである）。

❖フォストフ、エトロフのナイホを襲撃

ペトロパブロフスク港を出航したユノ号とアウオス号の二隻は、四月二三日の夕方、エトロフのナイホの沖に現れた。二四日、四つ（午前一〇時）ごろ、ダウイドフら一〇人ほどは革舟一艘に乗りナイホに上陸した。ダウイドフと二人の兵士は番屋に入り腰をかけ帳面を出し何か

言い出した。けれども少しも通じない。ただ日本ということだけが通じた。手まねで煙管《きせる》を借せというので番人の左兵衛が、煙管と煙草をさし出すと、それをふかしはじめた。飯に塩引・味噌・塩をそえて出すと浜の方へ持って行き、一同、手づかみで口に入れた。このときは乱暴を働かず、そのまま本船に引き揚げたが、二五日の四つ（午前一〇時）ごろ、ユノ号からフォストフほか一一人、アウオス号からダウイドフほか一〇人、それぞれ端艇に乗って海岸にこぎよせ、九つ（正午）ごろナイホに上陸した。そして番屋に押し入り、五郎次・左兵衛・長内・六蔵および木挽《こびき》三助を縛り端艇へ連れて行った。このとき日本風の髪形をしたアイヌも捕えたが、肌に手を触れ総身毛があるので、アイヌであることを知って放ち返したという。

ロシア人のうち二人が五郎次らの見張りのために残り、他の人びとは引き返して倉庫にある米二三俵・木挽鋸《こびきのこ》三・大工道具・大秤・古綿入四・白木綿二反・紺木綿三反・五郎次ら五人の夜具・長内の脇差《わきざし》・五郎次の脇差・六蔵の鉞《まさかり》などを奪い、端艇に積み入れ、番屋や倉庫に火をかけて引き揚げた。五郎次ほか四人のものをアウオス号に連れて行き、縄をとき砂糖入りの茶を飯ませ、ついで午後四時ごろ、右の五人を端艇でユノ号に運び、源七らと一緒にした。先に奪った品々はアウオス号に積み入れた。

それから端艇二艘に一〇人ほど乗りこんでママイに上陸し番屋を焼き払い、米五俵・風呂釜一・大工道具一箱・椀五・塩引二斗樽《にとだる》一・熊の皮一枚を奪い、端艇に積んで戻ってきた。二七日、同所を出船、二九日、シャナの沖に現れ、海岸より一里ほどのところに錨をおろした（『北島外寇録』）。

❖シャナの状況

四月二三日、ロシアの船がナイホの沖に投錨すると、ナイホの番屋では通報のため番人二人を飛脚としてさしたてた。その飛脚は二五日の朝、シャナに到着、この旨を報告すると、詰合の役人らが協議し、調役下役の関谷茂八郎が同心および勤番の南部・津軽両藩の士二〇余人を率い、鉄砲を用意し、手船五大力と図合船二艘に乗り、ナイホにおもむいた。途中、ホロホロまできたところ、すでにロシア船は退帆したと聞き、二七日の夜シャナに戻ってきた。

二八日は朝から調役下役元締の戸田又太夫と調役下役の関谷茂八郎を中心に、軍議をかさねた。雇医師の久保田見達は医師とはいえ、もとは武家の出身で武術・軍学を学んだことがある。間宮林蔵とともに主戦論をとなえたが、籠城《ろうじょう》を主張する戸田と関谷の容れるところとならず、わずかに勤番士一同が手分けして大小の弾丸八百余、竹槍三〇〇本ほどを用意したのにすぎなかった。南部藩においては出崎、出崎に幕をまわし、篝《かがり》を焚《た》き、白米八〇俵を会所に運んだ。津軽藩も白米一三〇俵ほどを会所に移し、南部・津軽の人数がその陣屋から会所に移り、その夜は幕臣ともども蒲団《ふとん》一枚で寝についた。

夜八つ半（午前三時）頃か、間宮林蔵、身拵《みごしらえ》して挑灯《ちょうちん》を持来る。我は、はんてん股引《ももひき》、身拵のままにて地役大場専蔵と一緒に臥居《ふせおり》候所に声を懸候間、何事ぞと問へば、莞爾《にっこり》と笑、皆、煖《あたたか》にして御寝入、アア、可歎《なげくべし》々々といふ。我言《いう》、ねるも奉公なるべしと申せば林蔵、自得して帰る。これは自分の心入にて見廻りに出しものと見へたり（久保田見達『北地日記』）。

二九日、早朝から会所は大混雑である。草をかり幕を張ったが、烈風のため幕はたちまち破れ、前日南部藩が張った幕は、つづれのようになってしまった。会所の前の土手の上ににわかに板で高さ三、四尺の矢切をこしらえ、そのなかに長柄・幟《のぼり》・旗・吹流《ふきなが》しなどを南部藩士がたて並べ、みな荒縄で縛った。雇医師の久保田見達は竹槍組の頭にでもなろうと思い、戸田と関谷の前に行き、私は赤人（ロシア人）が来たとき、如何いたしましょうというと、戸田も関谷も、貴殿は医者であるから療治をすることが肝要であるという。そこで見達が医事は本役であるからもちろんのことながら、この場のことであるから少々の怪我は捨てておいても差しつかえない。不覚を取らぬのが第一と存ずるというや、関谷は恐ろしい医者だといいながらも児玉嘉内が本陣ならびに津軽・南部両藩の兵糧の采配《さいはい》をしているから、貴殿はその手伝いをせよという。見達は、そのようなことは馴れていないからとて、これを拒絶し林蔵に譲ろうとすると、林蔵も不承知で、敵合、そのほかのようすをうかがわねばならず、台所にひっこんでいて飯の世話ばかりは嫌だという。関谷が強いて見達にむかい、飯の焚出《たきだ》しを頼むので、見達もいやいやながら承知した。

午後二時ごろロシア船はだんだん近寄り、本船二艘は沖がかりのまま、端艇三艘で会所の川向こうをさして漕ぎ寄せて来た。乗組の総数は四、五〇人、みな坐して櫂《かい》をかく。そのなかの一艘は三人乗り組みで大砲を積み込んである。

会所では戸田と関谷の両人が、異国人どもは何か申したいことがあって来たのかも知れないから、みだりに発砲せず、その事情を聞くのがよい。まず玉止《たまど》めの合図をせよという。かくて戸田と関谷の命令を受けた支配人の川口陽助が三尺ほどの白木綿を長い棒の先に結びつけて、海岸の方へ走って行った。そのあとに幾八・富右衛門・同心小島勘蔵・岡田武右衛門がめいめい鉄砲を持ち、蝦夷人一〇人とともに続いて行く。海岸で陽助が合図の布を振ると、ロシア人から鉄砲を打ちかけてきた。けれども当方では、これをロシア人が合図を受けたものと合点《がってん》し、こちらからロシア人に鉄砲を打つことをやめ、山の方に向かって玉払いをした。するとロシア人たちは櫂を押し立てたので、いよいよ合図を受けたものと思っているうち、五連発銃を背負い、または腰にさげたロシア人たちが上陸を開始した。

❖林蔵の奮戦

このとき望遠鏡で見ていた林蔵は、

只今、異国人、上陸仕候。如何被レ成《なされ》候哉といふては会所御門前へ出、見切ては立帰り、狂気の如くに叫び、如何被レ成候哉。去とは御手薄《おてうす》なる事と又、走り出す（『北地日記』）。

さて戸田と関谷の両人から、みだりに鉄砲を打つなと命ぜられた陽助は、浜辺に進んで例の仕形をしていると、ロシア人たちは委細かまわず、鉄砲を打ちかけてきた。陽助は股を打たれて倒れ、進むことができない。蝦夷人どもの肩にかかって戻ってきた。

陽助が打たれるのを見た林蔵は、異国人が上陸しては面倒だから、ここで鉄砲を打ち上陸しないように防ぐべしと叫んだけれども、戸田と関谷の両人は、聞き入れない。林蔵も腹を立て、このうえは何事も申すまじと口を閉じてしまった。

ここにおいて戸田と関谷の両人もようやく決心し発砲を命じた。津軽と南部の人数および会所の人びとは弁天社の脇に行き、筒先をそろえて打ち出した。ロシア人たちは川向こうの粕蔵に入り、それを楯として鉄砲を打ちかけてきた。こちらの人数は会所の前の土手の上にわかれ左右より打ち続け、互いに打ち合ううち、粕蔵の脇の蝦夷小屋から蝦夷人が一人飛び出した。不幸にもその蝦夷人は忽《たちま》ち、ロシア人の弾丸にあたって死んだ。ロシア人はおおむね大男で粕蔵を楯として車仕掛の大砲を打ち、鉄砲の扱い、駈引《かけひき》の敏速なことは格別である。こちらは弾丸のばらばら飛んでくるのにあきれ、弾丸の行方をながめていて、玉込めを早くしようとしない。一発打ってはしばらく先を見つめている。

会所では、負傷した陽助を南部藩の針医、平野昌宅が付き添って介抱し、それから山へ逃げて行った。この陽助は支配人兼通詞役で、平常、蝦夷人の心服を得ているので、蝦夷人を扱うには陽助が適任者である。その陽助が負傷したので、戸田も関谷も力を落とし腰が抜けたような有様である（『北夷日記』）。

林蔵は会所の脇の土蔵に入り、ロシア人の進むのをみて、あちらこちらと指図《さしず》して防戦につとめた（『丁卯筆記』）。

南部藩火業師（大砲役）の大村治五平は、はじめのうちは戸田と関谷の心中をのみ込み、ナイホで生け捕りにされた人びとを残らず取り戻し、そのうえ計略をもって何とでもすることができるとうそぶいていたが、鉄砲せりあいがはじまると玉薬は渡されず、何とも致し方がないと言いながら一発も打たず、草道をこそこそと山の中へ逃げこんでしまった。見達は百匁筒《もんめ》を抱えて山の上へのぼり、射程をはかり玉込めしようとしたが、弾丸が鋳型に合わない。そこで、その筒を南部藩の陣所に運ぶと百匁玉はないが、八五匁玉ならばあるという。何玉でもよろしい、打ってくれよと頼んで筒を渡し、それから南部陣屋の前をかけ下り、一貫五百匁筒を見たが枠に乗せたままで打つべき仕掛もない。そのうち津軽陣屋が焼けだしたのでロシア人たちは、その煙にむせんで進むことができない。浜辺の漁小屋に入り、それを楯に大小砲を打ち続け、本船二艘からもときどき大砲を発射して掩護《えんご》した。その弾丸が会所の玄関にあたり、破風《はふ》と門扉を打ちくだいた。七つ半（午後五時）ごろ川向こうの粕蔵にいたロシア人が一人打たれ、敵は手負《てお》いを端艇に乗せ、それを機会に本船に引き揚げた。その直後、粕蔵が焼けだしつぎつぎと付近の小屋に延焼し、夜になっても白昼のように明るい。戸田と関谷の両人は、会所の一室にこもり、次の間には地役などが多数集まっている。戸田がいうには、われ命は惜しからず、只今にも切腹したいという。関谷も切腹ならば、われ年、五〇にあまり惜しむべき命でもない、我も切腹しようという。この切腹あらそいを見かねた見達が、防戦の手だてがなければ皆が心を一つにし、ここにひそまりかえっていれば、敵は逃げ去ったものと思い、上陸してくるにちがいない。そのとき一度に斬って出て勝負を決するのがよい。もし叶わぬ場合は、火をかけ逃げるものはのがし、死なんと思うものは討ち死にすべしといえば、関谷はいう。力戦して死すということならば少しもいとわない。なれども、もし敵がナヨカより上陸して山へのぼり、ひそまりおるところを眼下に鉄砲を打ちかけられ、どんころりと死ぬのも余り知恵のないことである。いずれにせよ、ひとまずここを立ち退くべし。年五〇になる拙者の申すことをきき入れ、立ち去るべしという。かくて退去に決定し南部藩の重役、千葉祐右衛門・津軽藩の重役・斉藤蔵太を呼んでこの旨を伝えると、両人とも御下知ならば、どこまでも従うであろう、生死をともにしたいという。そして、これまで着けていた甲冑を脱ぎすてた。

関谷は見達に向かい、ここを立ち去ることに決定したが、貴殿には二心ないかと問う。見達が離島のことゆえ、逃げたくとも逃げられず、謀《はかりごと》も用いられず、死を覚悟しているが、御下知のことなればこのうえは二心も三心もないというや、関谷は我に従いまいるべしというので、林蔵へも仰せきかせられたかと念を押した。林蔵は先刻より見えず、彼もいろいろ申しても今ごろは山へなど逃げ去っているのであろうと話しているところへ、林蔵が姿を現した。見達が直ちに一間に呼びこみ右の次第を語ると、林蔵は声高く、いやいやこれは大事のことである。我らも相談にのって立ち去ったということ決して相成らず、相談にのらぬという証文を取らんという。見達がいうには、足下には沙汰なしに退去するはずであったが、我一応、申し通ずべしとて告げるのである。この場で誰が証文を出すであろうか。ただし足下一人が残り、よい謀があらば、計略により我もともに従うべしといえば、一人では致し方もないのか、しぶしぶながら退去を承知した（『北地日記』）。

❖日本人、シャナを退去

夜九つ半（午前一時）ごろ、戸田と関谷をはじめ地役同心・大工・働方・および津軽・南部両藩の人びと、見達・林蔵らはシャナを去った。同心はめいめい鉄砲をたずさえ、林蔵は戸田の太刀を持った。

五月一日、七つ（午前四時）ごろシャナより約一里（三・九キロメートル）のアリムイの番屋に着いた。林蔵が海岸を見分し、同所の出崎にロシアの端艇が一艘近より、大砲を打ったから、ここにいるのはよろしくないといったので、戸田も関谷もここで一戦したいが今はほかに致し方もない。これよりめいめい覚悟して山の中へふみ入り、それから船の用意してあるところに行くべしという。

この日は降雨が激しい。ルベツとアリムイとのあいだは、両方から新道開設に取りかかったけれどもいまだ完成せず、古い道は海岸ぞいで敵船から襲撃されるおそれがある。よってシンムイから山にのぼり高さ七、八尺もある笹茨《ささいばら》をふみ分けて行く。その辛苦は筆舌につくし難い。戸田と関谷の両人は、先日からの心労でことのほか疲れ、しばらく大木の下で休み、睡眠をとった。南部藩の人数は休まずして先へルベツをさして行く。津軽藩の人数は残って戸田と関谷などと一緒に行くことになった。

津軽藩の斉藤蔵太と林蔵は、戸田・関谷よりも先に行き、途中で南部勢の休んでいるところに追いついたが、戸田と関谷らがまだ姿を見せない。そこで蔵太と林蔵はあと戻りした。

このときであろう。林蔵だけはシャナのようすを見とどけようともときた道を引き返した。

しばらく行くと鉄砲の音がしきりに聞こえる。岩の陰、草の中をたどり、会所付近の山の中から眺めると、ロシア人たちは端艇に積んできた車台つきの大砲を山の中腹まで引き上げ、筒先を会所に向けて打ちだした。会所には一人もいない。従って、これに応ずるものは山彦だけである。その弾丸の七、八個が林蔵のひそむ谷間にも落ちたので、林蔵はその一つ、二つを拾いとって戻ったという。足の早い林蔵であるから間もなく関谷の一行に追いついたのであろう(尊経閣文庫『北征秘談』)。

さて、医師の見達は眠りからさめた戸田と関谷をなぐさめ、またまた足場のよいところへ行って休息しようといえば、関谷は、直ちに立ち上がり、戸田はあとからようやく起き上がった。この休息中、生米をかみ、独活《うど》を掘り、笹の根の筍を掘って食べ、どうやら飢えをしのいだという。

それから山の峰をさして行く。幸いにも沢の流れをみつけ水上《みなかみ》をさしてのぼる。山の五、六合ものぼると、水がかれ二筋にわかれる。いずれがよいか二手にわかれて行き、よい方を案内すべしということで、戸田と関谷はわかれて行く。そのとき戸田は、ついに自殺してしまった。

戸田とわかれた関谷らが津軽藩足軽の通報を受け、戸田の方へ行くと、津軽藩の足軽・地役・働方のものなどが静まりかえって坐っている。戸田氏はいずれかと尋ねると、少し先にいるというので行ってみたら、戸田は右手に脇差を持ち咽喉《のど》へ突き通し、血まみれになってうつぶせのまま絶命している。戸田の死骸を地中に埋めようとしたけれども、笹原であるから何とも致し方がない。よって働方の持ってきた戸田の小蒲団をかけて去った。戸田が自殺してから皆の胆《きも》もすわり、ロシア人の眼をさけることもなく、海岸通りをルベツをさしていそいだ。この途中、関谷は我も死なねばならぬといって、たびたび刀をぬこうとしたけれども、人びとに制止されて果たさなかった。夕方、ルベツに着き、先に到着していた南部藩勢の焚き出した飯を食い、酒も飲んだ。

二日、船中で夜が明け、朝五つ（午前八時）ごろフーレベツに着いた。ここで関谷は林蔵に相談をもちかけた。会所に異国人が残っているか、かつまた平嶋長右衛門（シベトロ在住）・児玉嘉内の安否も知れないから、自分はこれから姿を変え、蝦夷人の体になり、とくと見とどけ、そのうえで注進したいが、どうかという。林蔵はこれに同意し、念のため見達に向かい、もっとものことであるというと、見達は、左様のことなら衣類など今のままでは敵に見とがめられよう、木綿布子・アツシに着かえるのがよいという。林蔵も言葉をついで、関谷氏には蝦夷言（アイヌ語）を知らず、地理も不案内であるから自分が残りたいという。これは林蔵がアイヌ語に通じ、地理にも明るかったからである。

ここで見達は、関谷に金子二両と番人重兵衛の持っていた袷《あわせ》布子三つを求めて贈り、見達自身、広袖一つを手に入れ、箱館へ注進のため地役・働方らとともに五月二日、関谷と林蔵にわかれてフーレベツを出船した。南部と津軽両藩の人びとは、船の都合でいまだこの地に到着しない。見達らはそれからタンネモイに行き、クナシリに渡った。トマリにおいて同行の人びとと別れた見達は、単身でノツケに渡海、それより陸路、アンネベツ・アッケシ・モロラン・アブタなどを経て五月一七日の夕方、箱館に到着した。

❖フーレベツにおける林蔵

関谷茂八郎と間宮林蔵の二人がフーレベツの蝦夷小屋に逗留《とうりゅう》していると、調役下役の児玉嘉内・同心羽生惣次郎・小島勘蔵・粕谷与七はじめ同心・番人・小使、および南部・津軽両藩の人びとがおいおい集まってきた。

同心の羽生惣次郎（四六歳）は、関谷の命令でフーレベツから船でタンネモイに行こうとしたが、関谷に付き添うものが林蔵一人ではと不安をおぼえ、フーレベツに残ろうと再度関谷に申しでた。しかし、関谷はこれを許さない。やむなく山中にかくれ、三日の朝、フーレベツに引き返し、重ねて同所に残りたいと乞うたけれども関谷は、頑としてこれを承引しない。林蔵は、かたわらでこれを聞き気の毒に思い、惣次郎の心底ももっともであるから残した方がよいと口添えしたけれども、関谷は飯米もないし、人数が多いと進退に不自由である、自分と林蔵の二人ならば、ロシア人上陸の節は山の陰などにかくれしのんでいることもできる、とにかく箱館へ帰るようにと固く命じたので、心ならずも惣次郎は五月三日、津軽・南部の足軽・働方らとともに船に乗って、フーレベツを去り、クナシリに渡り、ついで箱館に帰った（「エトロフ地役同心吟味申口」函館図書館所蔵）。

ここに林蔵に関する一つの挿話《そうわ》がある。南部藩士『千葉政之進筆記』に記載されてあるものだが、これは今まで林蔵を伝えた人びとが顧みなかった記事である（内閣文庫所蔵）。

林蔵がフーレベツに逗留中、一人の蝦夷人がきて人びとにいうには、ここに止宿しているのは危険である、ここより山の奥によいところがあるから案内しようという。人びとは蝦夷人の言葉を信じて、これに従おうとしたけれども林蔵だけは同意しない。なお蝦夷人が熱心に山奥へ行くことをすすめると、林蔵は南部藩士、宮川忠作の耳に口を近づけ、蝦夷人どもは、この人びとをおびきだし一人一人殺そうとたくらんでいるのだろう、油断してはならぬといい、そのことを他の人たちにも告げ知らせた。その夜の深更、宮川忠作がひそかに小屋を出てみると、多数の蝦夷人が、めいめい弓矢を持って小屋を取りまいている。忠作が戻って林蔵にこのことを語ると「左もあらん」と両人とも刀を抜き、万一小屋に入るものがあれば一打ちと待ちかまえていた。ようやく夜が明けたので林蔵は関谷に向かい、次のようにいった。

蝦夷人どもは人びとを皆殺しにしようとたくらんでいる、私は、この難を切り抜けようと、さきほどからいろいろ言葉をつくしたけれども誰も合点《がてん》しない、貴殿は大将であるから早くかの蝦夷人どもを呼んで、道理をきかせ、彼らが蹶起《けっき》しないようにはからわねばならぬと。よって関谷は蝦夷人どもを呼びよせ、我々がここへ遁《のが》れてきたのはほかでもない、諸君の命を助けるためであると言葉をつくしてさとしたので、彼らもようやく安心して去った。その夜、忠作が小屋の外をみると蝦夷人は一人もいない。翌朝にいたり、小屋の付近の茅《かや》の茂みから、六尺有余の蝦夷人が一人でてきた。何のためにここにしのんでいるのかと尋ねると、かの蝦夷人が答えて、自分には年老いた親がいるので、山奥へ立ち去ることができない。そのため、ここに残っているのであるという。林蔵と忠作は、さらばその親に会いたいと付近の蝦夷小屋に行くと、例の蝦夷人の話に偽りなく、一人の老夷がうずくまっていた。林蔵と忠作は蝦夷人の孝心に感じ、その夕方から飯・酒・煙草などを運び三日のあいだ、怠りなく養ったので、子の蝦夷人がたいそう二人の厚情に感激しただけでなく、付近の蝦夷人たちも、これを伝え聞き、大いに感服し、関谷・千葉祐右衛門・斉藤蔵太らを厚くいたわったという。

宮川はシャナの戦闘の際、弾薬の少ないのを憂え、ロシア人を狙い打ちし、見事にその一人を打ちとめた。ちょうどそこに居あわせた林蔵が、これを見届けた関係もあって、忠作と林蔵は意気投合したのであろう。

六月一一日、林蔵は忠作らとともにフーレベツを出船、タンネモイに行き、それからクナシリに渡り、一九日、箱館に着船した。

❖林蔵、ロシア行きを出願

六月二一日、林蔵は箱館奉行の取り調べを受けた。このとき林蔵は敗走者であることを深く悔い、その汚名をそそごうと、奉行に上書してロシアに行くことを出願した（本木謙助『北征秘談』）。しかし奉行がロシア行きを許可することは、当時の国法上、とうていできない。そこでかねて計画中のカラフト見分を命じたのである。おそらく吟味役の高橋三平（重賢）が、林蔵をカラフトに派遣するよう取り計らったのであろう。

今まで林蔵を伝えた人びとは、右の事実を知らぬまま、勝手な想像をめぐらし、江戸の天文方高橋景保が林蔵にカラフト探検を命じたとか、または景保が箱館奉行に林蔵を推薦《すいせん》したなどと書きたてた。

その理由は、文化四（一八〇七）年一二月、高橋景保が幕府から世界全図の作製を命じられたので、カラフトの地形を知る必要にせまられたからであるという。しかし筆者は、この説に対し疑問を持つ。何となれば林蔵は箱館奉行支配下の雇《やとい》で、景保は天文方である。命令系統がちがう。

当時、カラフト見分といえば命がけの仕事である。生きて帰れぬ場合もある。その決死行に景保自身の仕事のため、所属のちがう林蔵を推薦するとは何事か。もし景保が真にカラフトの地形を知りたいなら、景保自身が死を覚悟して幕府に見分を出願すべきだろう。

箱館奉行が林蔵にカラフト見分を命じたのは、畢竟《ひっきょう》、林蔵からの出願があったからである。この点、松田仁三郎（伝十郎）も同様であった（『北征秘談』、森銑三先生の示教により閲読）。五月一〇日江戸を出発し、六月一二日箱館に到着した調役下役松田仁三郎は、林蔵のカラフト見分が決定（内定）したことを知り、おくれじと奉行に出願した。ちょうど奉行も林蔵一人ではと心配しているところだったので、これも異議なく許可された。つまり林蔵と仁三郎のカラフト見分は文化四（一八〇七）年六月下旬、箱館奉行において決定し、あとは幕府の許可を得るための手続きをとるだけになっていたのである。函館図書館所蔵山崎半蔵の日記に

> 此度、又々、見分の者、差遣し、何れ地境に可二相成一《あいなるべき》場所、見切罷帰候様、被二仰付一《おおせつけられ》候に付、調役下役、松田伝十郎（仁三郎）申上候処、差遣し候手続可申上

とある。

一体、カラフトの見分は享和元（一八〇一）年から六年ごしの懸案で、享和元年、蝦夷地御用掛の総師、松平信濃守忠明より老中に伺書をさしだしたところ、「来年（享和二年）の見分は、先ず見合わせよ」との回答があった（『休明光記』）。しかるに文化四（一八〇七）年三月二二日、カラフトが松前藩より上納され、幕府の直轄地となるに及び箱館奉行としては再び、カラフトの地形を知る必要にせまられた。そこで調役並、最上徳内と高橋次太夫をカラフトへ派

遣することに決定した。徳内は寛政四（一七九二）年、次太夫は享和元（一八〇一）年にカラフトを見分した経験がある。

しかるに徳内と次太夫の二人がいまだ江戸から箱館に到着しない前に、前記のフォストフ事件がおきたため、箱館奉行としては二人の見分を取りやめ、来年に延期せざるを得なかった。幕府の方針もまた、ロシアとの争いを避け、今年はカラフトに手をつけず、警備をソウヤに限り、来年、季節をみはからい、箱館奉行支配下のうちから身分の軽いものを一両人、カラフト見分に派遣することに改まった（赤羽榮一『伊能忠敬と間宮林蔵』、皆川新作『カラフト周廻見分と最上徳内、間宮林蔵』）。

もちろん、箱館奉行（松前奉行）はカラフト見分によって、カラフトとサンタン・満州との境目を明らかにし、従来不明確であった国境を確定したいという考えであったのである。そのためにはカラフトを測量し、それを図に表すことのできる人を派遣せねばならない。幸いにも林蔵の職掌は測量で、この見分にもっとも適しているし、身分も雇で幕臣としては低い地位である。派遣決定の条件にもかなう。その林蔵が自ら出願したのだから、箱館奉行としてはこのうえもない好都合で、一も二もなく林蔵を派遣することにしたのである。

松田仁三郎は調役下役で林蔵より二枚ほど地位が高いけれども、これとて御目見《おめみえ》以下で幕臣としては軽い身分に属する。派遣決定の条件にあう。

来年のカラフト見分は、異国境の確定を主眼としたものである。その計画を実行するにあたっては、幕府の許可を必要としたであろう。そのため箱館奉行は、改めて幕府に伺書を提出し派遣する人物についても許可を取ったに相違ない。その伺書を提出したのはいつのころか、はっきりしないけれども、文化四（一八〇七）年四月の羽太正養の伺書に「冬比《ごろ》、否之義申上候積」とあるから、文化四年一一月ごろ、江戸の幕府に伺書をさし出したのではなかろうか。

かくて林蔵と仁三郎のカラフト派遣が正式に決定したのは文化四年の一二月末か、翌五年の正月初めであったろう。函館図書館所蔵山崎半蔵の日記に

先年両度（寛政四年・享和元年）被遣《つかわされ》候得ども相遂げ不申《もうさず》、罷帰り候。此度、伝十郎一人にては又候《またぞろ》、如何可有御座《ござあるべく》候哉。随て御雇御普請役、間宮林蔵儀、天文方等心得も御座候に付、下役として差添遣し候はば、手廻弁利に可相成《あいなるべく》、此段共申上候との趣なり

とある。

右の文によると、仁三郎（伝十郎）が主任格で林蔵はその従者であるが、これは身分違いのため、表向き、このようになったので、出願の順位および仕事の性質からは林蔵が主役で仁三郎はその脇役である。仁三郎は行政官として立派な人物であるけれども、悲しいかな林蔵のような特技（測量）を持たない。箱館奉行としては仁三郎に対し不安を感ずるとともに、林蔵に大きな期待をかけたのである。当時、蝦夷地勤務の役人中、林蔵ほどの測量術を心得たものは

いなかったからである。

箱館奉行の方針としては、ソウヤ勤務の役人のなかから、カラフト見分の人選をするつもりであった。しかるに仁三郎の箱館滞在中、すでに決定（内定）したので、奉行は仁三郎にソウヤ勤務を命じたのであろう。仁三郎は雇医師の館野瑞元《たちのずいげん》および津軽藩勤番士らとともに六月二三日、箱館を出発、ユウブツ越えで七月一八日、ソウヤに到着し、その地の警備にあたったのである。

❖フォストフ、リイシリを襲う

話は前に戻る。五月一日、四つ（午前一〇時）ごろシャナの沖に停泊していた二艘のロシア船から端艇四艘、革舟二艘にフォストフはじめ四〇人ほどが乗りこみ、車台つきの大砲二挺を端艇に積んでシャナにこぎよせ上陸した。そして大砲を山の中腹まで引きあげて打ちだし、沖の本船においては、ウラー、ウラーと大声でさけんだ。けれども日本の陣営からは一人も応戦しない。そこで陣営に乱入し衣類・酒を奪って端艇に積み、酒を飲み歌をうたい、おおいに楽しんでから、七つ（午後四時）ごろ本船に帰った。翌二日も朝からシャナに上陸し酒六〇樽、米三〇俵、具足《ぐそく》六〇、弓一〇、長柄二〇、五五〇匁の唐銅筒一、三匁五分の鉄砲三〇、金屛風二、剣大小三、脇差五〇余、弾丸一箱、紋のある幕、火縄、衣類、豆などおびただしく奪い、会所を焼き払ってから本船に引き揚げた。この日、南部藩の火業師大村治五平がロシア人のために捕えられ、沖の本船に連れこまれた。

ロシア船二艘は五月三日、シャナの沖をはなれ五日の夕方にはウルップに近づき、七日の九つ（正午）ごろ六、七人が上陸し蝦夷小屋に入ってロシア文字の記入してある長さ二尺ほどの板一枚を持ち返った。それからクナシリのアトイヤに引き返し、さらに北航してカラフトのシレトコ岬にいたり一九日、端艇三艘で一七、八人が上陸し蝦夷人に会ってから本船に戻った。ここで水夫一人が逃亡した。二一日、オフイトマリの沖に停泊、端艇二艘で上陸し、番屋一、雑蔵一、物置一棟を焼き払った。それから九つ半（午後一時）ごろ、クシュンコタンの沖にかかり端艇一艘、革舟一艘に八人乗りこみ、源七もともに上陸した。蝦夷人は一人もいない。浜辺の図合船に幅七、八寸（二一〜二四センチ）の真鍮板一枚を残して本船に引きあげた。

五月二二日、ルウタカに上陸し、番屋二軒、倉庫六棟、弁天社を焼き払い、五月二九日にはリイシリ島の付近に現れた。そして同島の湾内に停泊中の日本船、宣幸丸（松前、伊達屋林右衛門の船）を襲い、塩三〇俵、その他の品を奪いとり宣幸丸に火をかけた。宣幸丸の乗組員たちは伝馬船に移ってテシホにのがれた。これを知った万春丸乗り組みの人びとも逃げだしたので、地役雇の森重左仲、内野五郎右衛門の二人は、百目筒一挺、三〇目筒一挺、十匁筒四挺、四匁五分筒三挺、胴乱五、火縄、弾薬などを小舟に移し、三里ほどのがれてうしろを見れば、リイシリの方に煙が上がり、万春丸は焼かれたようである。

フォストフらはリイシリとノッシャム（納沙布）との間を航行中の松前藩の船、禎祥丸にも大砲を打ちかけ、同船より千段巻長柄二、素麺《そうめん》三〇俵、衣類入りつづら三を端艇で本船に運び、六月三日の九つ（正午）ごろには水夫六人がリイシリに上陸、水を本船に運び、四日には五人が上陸、番屋・倉庫を焼き払い、湾内に停泊中の誠龍丸にも火をかけた。五日には大村治五平・富五郎・西蔵・源七・福松・長内・六蔵・三助の八人に白米三俵・素麺一俵・醬油一樽、酒一樽、大薬鑵三、鉞一挺、鋸一挺、細鑿《のみ》一本、鉋《かんな》二挺、煙草一〇玉、および日本の「天下さま」に送る松前奉行あての書簡をそえて端艇に移らせ、五郎次と左兵衛の二人だけは船に残した。源七らは、長々世話になった礼を述べ、暇乞いをし一旦リイシリに上陸して水を飲み、飯を食べ、空腹をみたしてからリイシリをはなれ、六月六日、ソウヤに帰り着いた（『北島外寇録』）。

ロシア人は、この日本人の放還を終わると日本の近海から去ったのである。

ソウヤには調役並、深山宇平太・調役下役、小川喜太郎・津軽藩勤番士（五月一四日到着）が警備にあたっていた。

源七らは宇平太にこれまでの顚末《てんまつ》のあらましを語り、それから小川喜太郎の付き添いで箱館に送られた。このとき源七はフォストフからロシア文と和蘭文の書状を託されたのであるが、源七が裏書《うらが》きした松前奉行あての書簡文は全文、片仮名で、それを要約すると、ロシアとの通商貿易を日本が許さねば、再び船を沢山つかわして日本の北地をあらし、カラフトをロシアの領土にするということであった。

❖若年寄、堀田摂津守の蝦夷地巡視

一方、箱館からの報告を受けとった江戸の幕府は、六月四日、目付、遠山金四郎／使番、小《こ》菅猪右衛門《すげいえもん》・村上大学に蝦夷地出張を命じ、ついで同月六日、若年寄、堀田摂津守正敦《ほったせっつのかみまさあつ》（堅田《かたた》藩、一万三千石）に蝦夷地巡視、大目付、中川飛彈守《ひだのかみ》に堀田の付き添い、小普請方、近藤重蔵に蝦夷地出張を命じた。

よってこれらの人びとは順次江戸を出発、総指揮の堀田正敦も三三六人とともに六月二六日、江戸を出発して七月二六日、箱館に到着、高龍寺を宿舎として警備隊の指揮にあたった。そして八月六日、箱館を発足して汐首・大野・鷲ノ木・山越内・オシャマンベを経て一五日、ウスに到着。ここで引き返して、二二日、大野に戻り、当別・木古内・福島・吉岡を経て、二六日、松前に到着、翌二七日、松前市中より海岸通りを巡視。それから立石野において酒井藩の陣立《じんだて》を検閲した。当日は桟敷《さじき》をつくって羽太正養はじめ諸有司が付き添う。酒井藩士は甲冑《かっちゅう》をつけ、陣羽織をきて、とくに鉄砲組は列をただして鉄砲の打ち方を披露した。

八月二九日、正敦は松前を出発して江良・小砂子・塩吹などを経て九月一日、江差に到着。ここで引き返し九月四日、松前に着いた。そして翌五日、立石野において津軽勢の陣立、駈引《かけひき》を検閲し、六日には白神崎を見分、一二日、羽太正養・遠山金四郎・中川飛彈守・村上大学とともに松前を出船、三廐に渡った。中川飛彈守・遠山金四郎・村上大学は奥州、そのほかの海岸見回りとして、おもいおもいに出発し、小菅猪右衛門は正敦に従って一〇月一三日、江戸に帰着した。中川飛彈守と村上大学の二人は、三廐より本州の西海岸を越後（新潟県）の村上まで巡視し、遠山金四郎は南部地より東海岸を回り、常陸（茨城県）の鹿島まで見回り、それぞれ江戸に帰った（『休明光記』）。

❖林蔵、江戸に帰る

堀田正敦の箱館滞在中、林蔵は正敦の命を受け、要害地の選定のため箱館在の月ノ台、そのほかところどころの深山まで踏み入って調査した。そして一〇月の末か、一一月の初旬には松前を出発して江戸にのぼったのであろう。羽太正養の『休明光記』によれば一〇月一七日、江戸の老中から書付をもってエトロフ掛の責任者、菊地惣内《そうない》・山田鯉兵衛《りへい》・関谷茂八郎・児玉嘉内らを江戸へ差しだすべし、という命令が下されたという（このとき菊地惣内はエトロフに勤務中）。おそらく林蔵もこの人びとと行を共にしたのに相違ない。函館図書館所蔵山崎半蔵の日記に林蔵は「エトロフ敗走のなかに入ってのぼり、江戸につき何方へも面《おもて》をむけようなく千悔万辱」（取意）とある。無理もない「エトロフにて友ごけに、にげたる人」（『戍辰銷夏記』、内閣文庫）という評判のたった林蔵としては、恥ずかしくて誰にも会う気になれなかったのである。

このとき山田鯉兵衛が役儀召放《めしはなち》、御目見以下、小普請入押込《おしこめ》、関谷茂八郎と児玉嘉内が重追放、羽生惣次郎・小島勘蔵・粕谷与七・井滝長蔵・橋本幾八が江戸払いに処せられたのに、林蔵だけは何の罪も受けず、直ちに蝦夷地勤務を命ぜられた。エトロフにおける奮戦が認められたのである。山崎半蔵の日記に林蔵の物語が記載され「エトロフにおいて死ななかったので、心に心をうらみ、如何《いかん》せんと悶《もだ》え、日をたつほど、後悔しているところへ当年（文化五年）詰合を蒙《こうむ》ったので死所を得た」（取意）とある。

かくて林蔵は救われたおもいで江戸をたち、再び蝦夷地に下ったのである。そして文化五年の正月には松前の高橋三平宅に寄寓《きぐう》していた（大谷亮吉『伊能忠敬』）。三平は松前藩（転封）の城を受けとるため文化四年の秋、箱館から松前に移っていたからである。林蔵が松前においてカラフト見分を命ぜられたことは、山崎半蔵の日記に林蔵の話として「ありがたいことに当地で接壌見分、松田の下役を仰せつけられた」（取意）とあるから疑う余地がない。

ここで問題となるのは文化四（一八〇七）年一二月七日、または一一日に江戸に到着した林蔵が、翌五年の正月に、松前に戻り得たかということである。当時、松前から江戸までの旅は普通一ケ月を要した。ただし、それは急用がなく道をいそがない場合のことで、急御用を帯びた人は一四、五日で到着したのである。現に箱館奉行支配調役下役の庵原《いはら》直一は江戸から箱館まで一三日しか要しなかったことがある。林蔵は一日に二、三〇里も歩く健脚家である。冬とはいえ、蝦夷地の寒気になれた林蔵のことゆえ、翌五（一八〇八）年の正月には松前に到着し得たはずである。再度の蝦夷地勤務で心のもだえのうすらいだ林蔵は、足取りも軽く道をいそいだに相違ない。林蔵が松前においてカラフト見分を命ぜられたのは、一一月ごろ箱館奉行から幕府に提出された伺書の回答が、林蔵の松前到着まえに奉行所に達していたか、または到着直後、達したためだろう。奉行所所属の役人の蝦夷地勤務は箱館（のち松前）在勤の奉行から申し渡すのが通例であった。

❖幕府のロシアに対する方針

フォストフの書簡に接した幕府は文化五（一八〇八）年、ロシア人が渡来した場合、エトロフ・クナシリ・カラフト・ソウヤのいずれかにおいて、次の回答書を渡す方針を決めた。

日本と魯西亜《ロシア》とは遠方なれども、支配の嶋々は近ければ音信を通じ、商をも致べき迚《とて》、先達て長崎迄、使来り候得共、成がたき事ゆへ断りて帰し候は、此方の国の掟《おきて》にて候得ば、恨みあるべきとは思ひもよらず候。去々年、去年、此方支配の嶋々へ来り、人を捕ひ家を焼、諸品を取、狼籍《ろうぜき》せしは何国のものとも心附す候所に捕へし人を返しもたせこし候書付を見れば、其国の仕業《しわざ》にて、矢張《やはり》、中をよくし商ひをもいたし度との事にて手をかへたる仕方のよし、初てわかり候。しかし中を能《よく》し、商ひをはじめて両方の為にする心にても、狼籍《ろうぜき》をして互に仇を結ぶ時は、いよいよ商ひはじめられず、けつく《結句》両方の人の命にも及ぶ事にて以の外の行違ひに候ゆへ、何とも挨拶はならぬなり（『蝦夷騒乱記』内閣文庫）。

奉書に右の回答文をしたため、上包みも奉書で「書付」と書き入れた。そして幕府は東西両蝦夷地（それまでは東蝦夷地だけ）の長期警備を津軽と南部の両藩に命ずるとともに文化四（一八〇七）年一二月二六日、仙台・会津の両藩に出兵を促した。それまでソウヤ・カラフトは松前藩の領地で警備隊が駐在したことはなかったし、番屋と運上屋のほかに警備隊の勤番所などありようはずがない。そこで幕府はいそいで勤番所を建築して警備隊の起居にあてた。一人一坪の割合である。そして大砲を山陰など敵から見えにくいところに備えつけた。

同年一二月一一日、幕府は蝦夷地警備のため使番、小菅猪右衛門・同村上監物《けんもつ》・御小姓組、松平長門守《ながとのかみ》組の山岡伝十郎・西丸御書院番、水野石見《いわみ》守組の夏目長右衛門の四人に、来春、蝦夷地に出張すべきことを命じた。右の四人および新任の松前奉行、村垣淡路《あわじ》守は翌五（一八〇八）年一月七日、御暇《おいとま》を賜り（遠国勤務を命ぜられる）、村垣は同月一八日、山岡と夏目は一月下旬、小菅は二月一三日、村上は二月一六日、江戸を出発し、それぞれ松前・カラフト・エトロフ・箱館・松前に行き警備についた。先に松前奉行に任ぜられた河尻肥後《ひご》守は、二月晦日《みそか》、江戸出発、松前に渡り、ついで四月一五日、松前を出て、陸路、ソウヤに赴《おもむ》いた（村垣は松前在勤）。

　無窮会所蔵の『千島能白浪』により文化五（一八〇八）年における警固人数の場所割りを示すと次のとおりである（現代文に改む）。

エトロフ　仙台藩　七〇〇人

（幕臣）　調役　比企市郎右衛門

同並　岩浅三五太夫

同下役　近藤斧八

同　平嶋長右衛門

クナシリ　仙台藩　五〇〇人

（幕臣）　調役並　高橋次太夫

同下役元締　向井勘助

同下役　前田弥左衛門

在住　和田貞吉

ネモロ（根室）南部藩　一〇〇人
（幕臣）調役並　増田金五郎
同下役　玉井犀助
アッケシ（厚岸）
クスリ（釧路）南部藩　五〇人
（幕臣）調役並　太田彦助
下役　大塚惣太郎
在住　丹羽鑑次郎
砲術を心得た与力　一人
同心　二人
サハラ（砂原）警固の人数はない
（幕臣）調役　原半左衛門
出役　長野七太夫
下役　豊田弥太夫
砲術を心得た与力　一人
同心　二人

箱館　　仙台藩　八〇〇人

（幕臣）　吟味役格　大嶋栄次郎

調役　寺田忠右衛門

下役　柳　権十郎

下役　石坂武兵衛

在住　折原政吉

出役御徒　天田六三郎

在住　六笠仁兵衛

同　田中直蔵

同　田中定右衛門

カラフト　　会津藩　八〇〇人

（幕臣）　調役　荒井平兵衛

同並　最上徳内

下役　洞　金助

在住　今川小三郎

下役元締　松田仁三郎

間宮林蔵

右両人は、カラフト見分のため差し遣わす

ソウヤ（宗谷）　会津藩　五〇〇人

（幕臣）　吟味役　高橋三平

調役並　深山宇平太

下役　小川喜太郎

在住　川久保和三郎

同　三橋勝十郎

シャリ（斜里）

（幕臣）　出役　龍崎五郎右衛門

在住　金井泉蔵

同　大林惣助

砲術を心得た与力　一人

同心　二人

イシカリ（石狩）　津軽藩一〇〇人

（幕臣）　調役　吉見専三郎

下役　庵原直一
在住　平川半次郎

エサシ（江差）　津軽藩　一〇〇人

（幕臣）　吟味役　鈴木甚内
調役並　小俣次郎八
出役　丹内専助
下役　早川八郎
在住　遠藤津右衛門
同　田村壹右衛門

松前　仙台藩　二〇〇人

（幕臣）　吟味役　柑本《こうじもと》兵五郎
調役　三浦喜十郎
同　森　覚蔵
在住　中川又太郎
出役　竹内五郎作
下役元締　村上治郎右衛門

下役　井上喜左衛門
同　近藤儀右衛門
同　太地十郎左衛門
在住　重松熊五郎
在住　森内祐次

このほか、シャマニ・ウラカハ・ミツイシ・ニイカッフ・シツナイ・サル・ユウブツ・シラオイ・ホロベツ・エトモ・ウス・アブタ・山越内・オシャマンベ・トカチ・ホロイヅミ・テシホ・ルルモッペ・マシケ・ハママシケ・イワナイ・スッツ・熊石などにそれぞれ人数を配置し、ロシア船の来着を待ったのである（ロシア船は渡来せず、この人員は秋になって引き揚げた）。

以上のように蝦夷地を挙げて騒然としているとき、特にカラフト見分を命ぜられた松田仁三郎（伝十郎）と間宮林蔵の両人は、まさに時局の最先端にたったわけである。

林蔵のカラフト探検

❖カラフトの大陸地続き説

カラフトは、もと「からと」と呼ばれた。『元禄島郷帳』には「からと」としるされ、新井白石《はくせき》もこれを受けて、その著『蝦夷志』に「カラト」と記載した。その後カラフトに改まり、漢字を知るものは各自、勝手に葛刺弗篤・加良富登・加良布刀・加良敷登・哈喇弗土・哈喇弗多・瓦喇弗吐・哈喇宇土・哈喇土・空太・唐太・柯太などの文字をあてた。後年、松浦武四郎が樺太の二字を用いてから樺太に一定したのである。カラフトの語原については「蝦の形説」、「空しき大洲説」、「カラホトン（黒城）説」、「マンゴ（黒龍江）の水口説」、「間をつくる説」など、いろいろあるけれども、間宮林蔵・松田伝十郎・淡斎如水・山田聯《れん》・高橋景保はカラ（唐）ヒト（人）説をとっている。カラは外国の意、フトは松前の方言で人の意である。

カラフトはまた、奥蝦夷ともチョカとも呼ばれたが、文化六（一八〇九）年六月、北蝦夷と改められたので、その後は北蝦夷と呼ぶようになった。

中国においては流鬼ともクイともいう。クイはオロッコがアイヌを呼ぶ言葉で、これに苦夷・庫頁・庫葉・庫野・窟説・屈説・苦兀などの漢字をあてた（中目覚『樺太の話』）。カラフトの北半をサハリヤン・ウラ・アンガ・ハタという。サハリヤンは満州語で黒、ウラは江、アンガは口、ハタは峯という意である。すなわち「黒江の口の峯」という意である（高橋景保『北夷考証』）。これが略されてサガリイン・アンガ・ハタとなり、さらにサガリイン・サハリイン・サガレン・サハリン・サハレンなどとなった。そして、これに漢字をあてて薩哈連・薩哈嗹・薩牙蓮・鯊亶嶙・沙瓦里印・沙哈里印などと書いた（山田聯『北裔図説集覧』小川運平『満州及樺太』）。

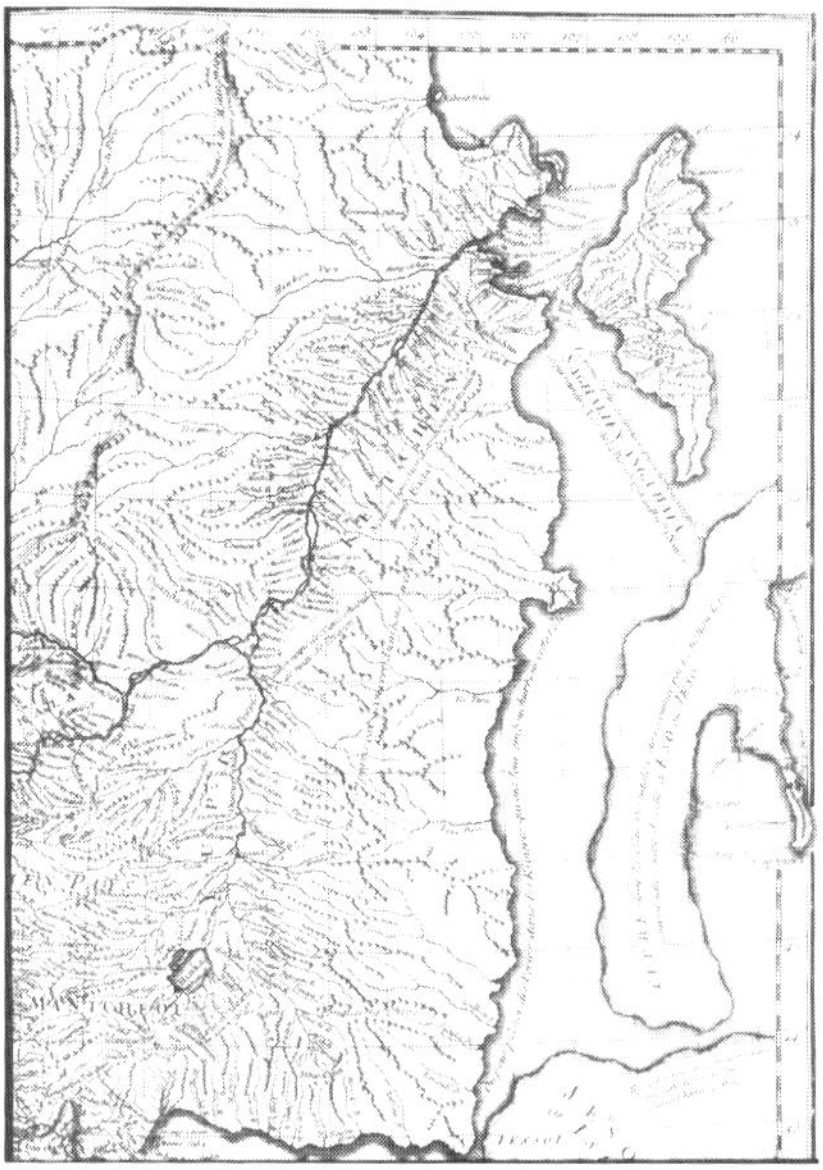

「ダンブィル-サガリイン図」
（デュアルト『支那帝国誌』より）
国会図書館蔵

清朝の康熙《こうき》年代（一六六二～一七二二）中国に渡来していた欧州の耶蘇会士《やそかいし》らは、康熙帝の依頼を受け黒龍江地方を測量した際、夷人の話を聞いて黒龍江口の東に、南北に細長い島をえがいた。いわゆる『皇輿《こうよ》全覧図』であるが、これには緯度・経度が記入され北緯

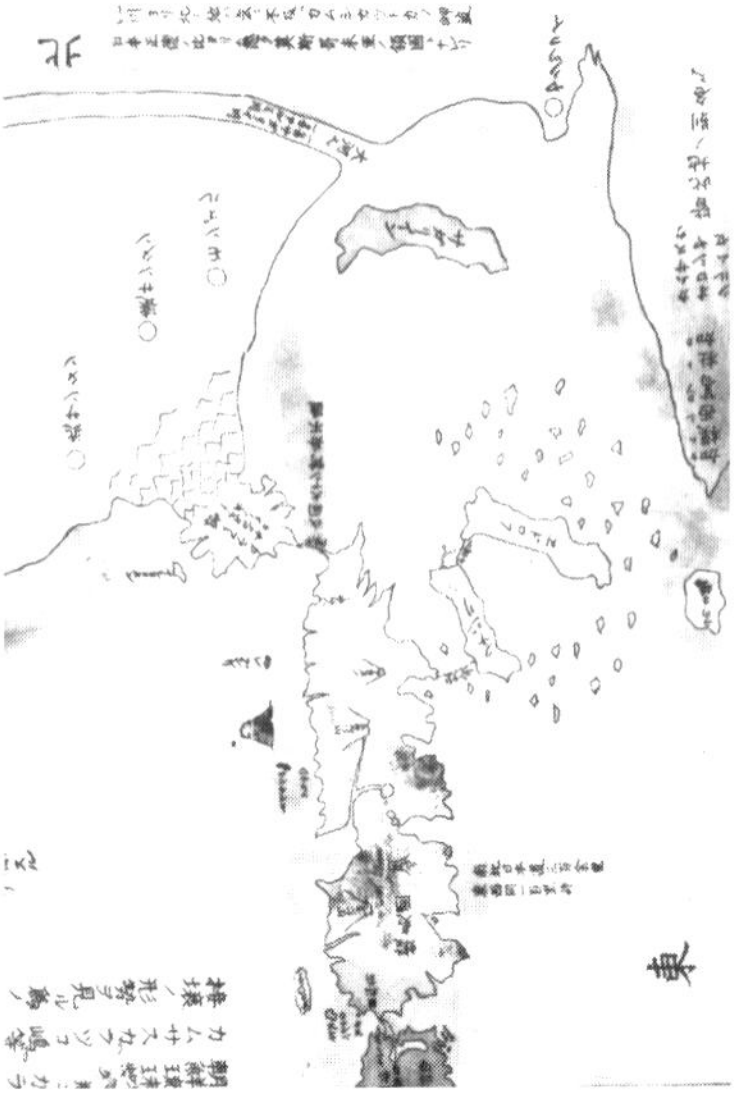

「ダンブィルーサガリイン図」（テレキ）（右）国会図書館蔵
「三国通覧輿地路程全図」の一部（左、林子平『三国通覧図説』より）
内閣文庫蔵

四九度余より五四度余におよぶ細長い離島がえがかれている。つまりカラフトの北半であるけれども、その形状は「く」の字形をしていて実状とはたいへんちがう。

しかるにこの図は欧州に伝えられフランス王室の地図師、ダンブィルによってサガリイン・アンガ・ハタは黒龍江口の東にある離島としてえがかれ、その南にェゾまたはゼゾという東岸にアニワ岬をもつ南北に細長い巨大な島が設けられ、さらにその南、北緯四四度以南に、又ゼゾという島がえがかれた。つまりダンブィルは蝦夷とサガリインとのあいだに、もう一つの島があると考えたのである。おそらく一六四三年のフリースの探検図にあるペシエンス岬（忍耐岬）とアニワ岬（中知床岬）の位置づけに苦しんだ結果だろう。なぜかというと、このようにしなければ蝦夷とサガリインとのあいだが空白になり、ペシエンス岬とアニワ岬とを地図から抹消しなければならぬからである。このダンブィル図はデュアルトの『支那帝国誌』に収載されたが、その後ダンブィルは迷って、ペシエンス岬とアニワ岬をもつ島を地図から除き、別にアニワ岬を南端とする半島、すなわち大陸から突きでた半島をゼゾとサガリインのあいだに設けたのである。

林子平はダンブィルの半島図系統の地図を見たのであろう。「近ごろ輿地《よち》の学（地理学）がくわしくなった」からとて、西洋人の作った地図を信用し、その著『三国通覧図説』においてカラフトは全く離れ島ではない、東韃靼《だったん》の地続き、室韋《しつい》（シベリア）の地方で東南海の一出崎であると断定した。

そしてその地図にカラフトを大陸から突きでた半島、その北にサハリンを孤島としてえがいたのである。

享和元（一八〇一）年、カラフトを見分した中村小市郎と高橋次太夫の両人は、はじめカラフトを離島として地図を作ったけれども、サンタン（黒龍江下流地方）居住のカリヤシンが砂上にえがいた図に迷わされ、入江のある山続きの地と考え改め、カラフトを黒龍江の北において大陸に続いているものとした。

近藤重蔵もカラフト地続き説をとり、その著『辺要分界図考』に「守重これを考えるにカラ

『辺要分界図考』（近藤重蔵著）内閣文庫蔵

フトの奥地は満州、山丹と地続きである」（取意）と記述し、さらに「サガリインは自ら別島なり」とサガリイン、カラフト別個説に固執し、その地図にサガリインをカラフトの北の孤島としてえがいたのである。

なぜ交易のためサンタンからカラフトにたびたび渡来したカリヤシンのような人が、カラフトと大陸とを地続きにしたのであろうか。当時、サンタン人は間宮海峡の北部を通行せず、主として南部すなわち大陸のムシボーまたはカムカタから、カラフトのナツコもしくはノテトに渡ったからである。そのため複雑な海峡の地形に迷わされ、カラフトは黒龍江の北において大陸に続いていると見たのである。また、サンタン人の語る「冬春のうちは海に氷がはりつめ、船を犬にひかせて渡る」、「ナツコから見ると山続きのようである」という話を聞いた日本人は、これを信ずるのほかなく、従ってカラフトは離島であると断定し得なかったのである。

欧州においてはダンヴィルとフリースの図の影響を受け、サガリインと蝦夷地とのあいだに

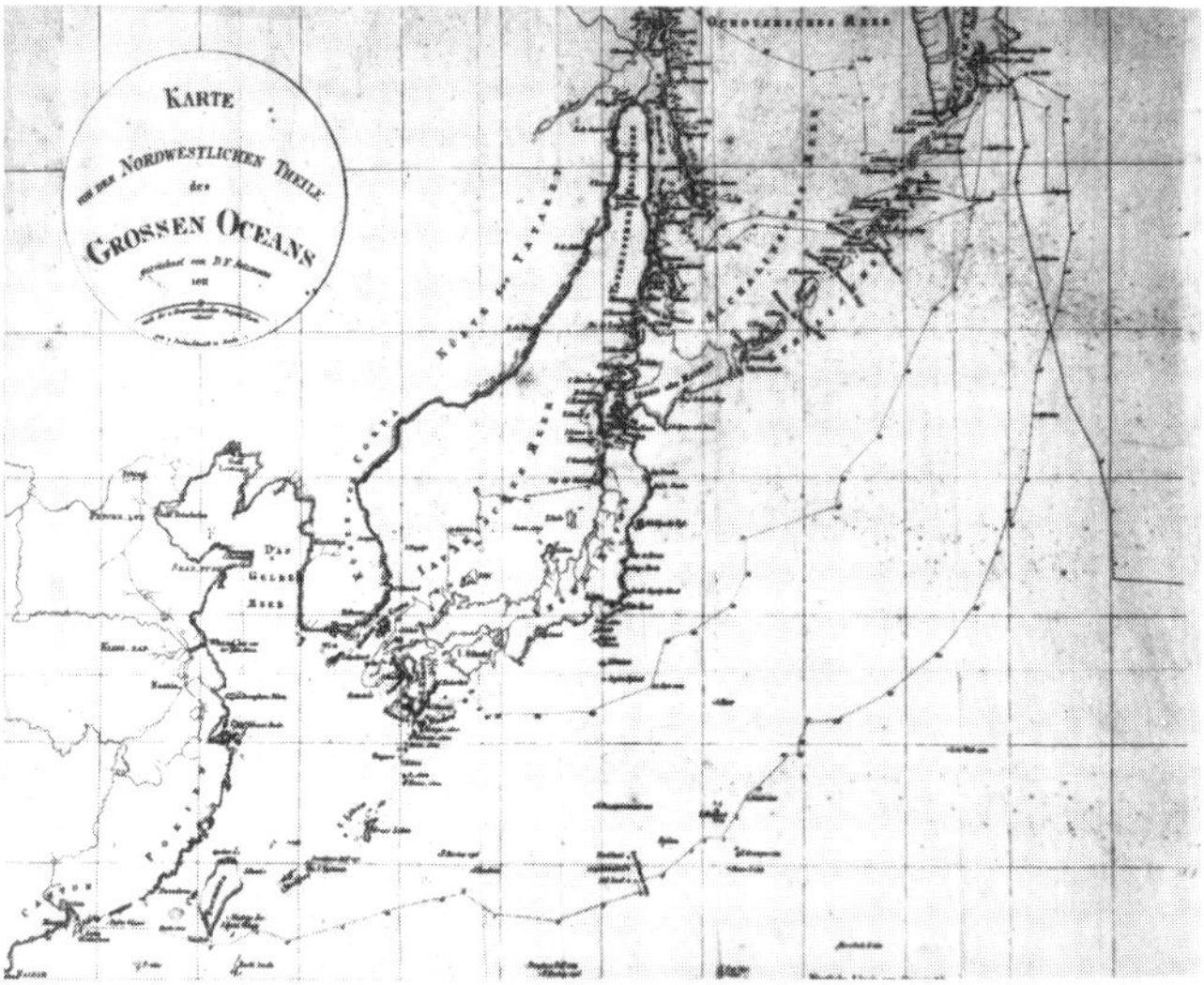

「クルーゼンシュテルン-サガリイン図」（テレキ）国会図書館蔵

相変わらずペシエンス岬とアニワ岬とをもつ島をえがいたり、または蝦夷地を北に長くのばして、それにペシエンス岬とアニワ岬を設けたり、あるいはサガリインと蝦夷地とのあいだを空白にしたりしていた。

　しかるに一七八七年、フランス人、ラペルーズの探検の結果、この図は一変した。すなわちカラフトとサガリインとは同一として黒龍江口の東にえがかれたのである。ラペルーズは彼の探検したカラフトの南部とダンヴィルのサガリインとをつぎ合わせ、南北に細長い地としたのである。しかしラペルーズは今のデカストリー湾より少し北のカラフトのボウチン岬まで調査し、それから北へ進まなかったため、肝腎の海峡の存在を確認し得ないまま引き返し、宗谷海峡を通過、これにラペルーズ海峡の名を与えカムチャツカに行ったのである。

　一七九七年、英国人ブロートンは船で本州の東海より津軽海峡を通り、日本海を北進してカラフトの西岸に沿って北へ進んだ。そしてラペルーズの到達点、ボウチン岬より少し北まで調査したが、やはり海峡を確認することができず、カラフトと大陸は地続きで韃靼湾を形づくっているものと信じて引き返したのである。

一八〇五（文化二）年六月二四日（西暦）、ロシアのクルーゼンシュテルンはカムチャツカのペトロパブロフスクにおいて、レザノフと別れてからナデジュダ号に乗って七月五日、同港を出帆。カラフトにいたり東北岸に沿って北進し、カラフト北端の両岬にエリザベト・マリアの名を与え、さらに黒龍江湾に乗り入れた。けれども北緯五三度二〇分三〇秒の地点で進航を断念したため、間宮海峡を確認し得ず、カラフトと大陸とは黒龍江の南において地続きであろうという大疑塊を残して引き返してしまった。つまり日本においては黒龍江の北でカラフトと大陸とが地続きであり、欧州においては黒龍江の南で地続きであると考えられていたのである。実状はどうであろうか（この項、小川琢治博士『間宮林蔵』に負うところが多い）。

❖伝十郎と林蔵、カラフトに渡る

文化五（一八〇八）年一月下旬、林蔵は熊の皮三枚と衾《しとね》一枚を用意し、松前を出発、箱館を経てソウヤに向かった。ユウブツ越えであったろう。このとき林蔵は、昨年、調役下役の庵原直一を介して伊能忠敬から譲り受けた羅鍼《らしん》を携行した。大谷亮吉氏の説によると、この羅鍼はその製作が精良で取り扱い方の簡便な彎窠《わんか》羅鍼であったという（『伊能忠敬』）。ただし測量用の鎖は持たなかった。

三月一二日、林蔵はシラヌシの番人、万四郎とともに図合船でソウヤに到着した。万四郎はすでに一九年もシラヌシの番人を勤めたその方の熟練者である。サンタンの事情にも詳しい。かねて懇意の津軽藩士、山崎半蔵は三月一四日、林蔵をおとずれ昨年のエトロフ騒動などについていろいろ語り合った。半蔵は林蔵のカラフト見分をうらやましく思い、従者となって同行することを望んだ形跡がある。

一方、松田仁三郎は、前年の七月一八日、ソウヤに到着し、調役並深山宇平太はじめ津軽藩勤番士二〇〇余名とともに引き続いて、この地の警備にあたった。四年前の享和三（一八〇三）年、エトロフで越年した経験をもつ彼は、蝦夷地の寒さに慣れ、養生法を心得ていた。そのためか、津軽藩士が毎日のように、一、二人ずつ病死したのに、無事に年を越し、ソウヤで文化五（一八〇八）年をむかえた。そして一月二二日、養父伝十郎の遺言により名を伝十郎と改め、役儀も調役下役から調役下役元締に昇進し、俸禄も高八〇俵三人扶持、役金一〇両を支給されることとなった。

二月一六日、松前の吟味役、高橋三平の差し向けた飛脚がソウヤに到着し、「カラフト島奥地、山靼《さんたん》地境見分」を申し渡すという印状を受けとった。別に書取をもって雇間宮林蔵を連れて行くこと、大船では進退が自由でないから小舟で行くこと、飯米など多量に持って行くことはできないから、干魚《ほしうお》を食することなどを申し渡された。

ここで見分中の服装が問題になった。ちょうどシャリで越年した最上徳内が二月二九日、ソウヤにきていたので、見分中の服装は蝦夷人の体がよろしいという。蝦夷地見分について経験の豊富な徳内は、蝦夷人の姿に変えることを主義とした人である（皆川新作先生示教）。

しかし深山宇平太は役人の姿がよろしいといい、また行をともにする番人や蝦夷人らも、交易のためカラフトにくるサンタン人を畏服《いふく》させるには、役人の服装がよろしいという意見もあって、伝十郎と林蔵は役人の姿で行くことになった。

出発にあたり伝十郎は召使たちに暇《いとま》を申し渡し「難渋《なんじゅう》の見分であるから死を覚悟して奥地に行く。もし奥地において落命か異国船に捕われるか、または年を越しても帰国しないときは、ソウヤ出舟の日を忌日と定めるよう家族に申し伝えよ」と申しつけた（『北夷談』）。林蔵は山崎半蔵に「成功の形がたたぬうちは、死を誓って帰るまじ。もし難行の節は、我一人たりとも夷地に残り、夷地の土となるか、夷人となるであろう。再会、期しがたし。然し始めあり、終りなきは凡人の習である」（『山崎半蔵日記』）と語った。ときに伝十郎は四〇歳、林蔵は二九歳であった。伝十郎が主任格で、林蔵はそのお伴である。

四月一三日は波がおだやかで天気もよい。この日、伝十郎と林蔵は図合船に乗りこんでソウヤを出船した。出船にあたり、会所の支配人と番人はいうまでもなく、乙名《おとな》（アイヌの名主）や蝦夷人まで海岸に出て、はるかに見送る。そのなかには伝十郎の召使もいて涙を流しているようすであったが、見ぬふりして順風にまかせ走り行き、その日のうちにカラフトのシラヌシに到着した。シラヌシには会所があって支配人・番人らが勤務している。蝦夷人の家も五軒ある。伝十郎と林蔵が到着すると、同所の乙名と役夷人（役のついたアイヌ）らが海岸に出むかえた。よって役夷人と老夷人らに奥地のようすを尋ねたけれども、少しもわからない。また西海岸より回って東海岸に出ることができるか、または東より回って西海岸へ行くことができるか、これまた明らかでない。そこで伝十郎は西海岸を行き、林蔵は東海岸を見分することとし、もし奥地において船で行くことのできない場合は、山越えしても出会する約束をした。このとき林蔵は伝十郎とともに西海岸を行くことを強く希望したが、上司である伝十郎が、これを拒んだため、林蔵はやむなく東海岸を見分することとなった。元来、この見分の目的はサンタンとの境目をはっきりさせることである。西海岸を行く方がその目的を達成するのに容易であることはいうまでもない。伝十郎は上司であるから有利な道を自ら選び、林蔵に不利な見分を押しつけたのである。それでも林蔵は伝十郎の命令に従い、四月一七日、案内役の蝦夷人とともに蝦夷舟に乗り、シラヌシを出船した。舟には米・乾魚・煙草・酒などを積みこんだ。酒は湿毒を避けるための薬酒である（『北夷談』、『北征秘談』）。

ノテト（テーツカ）岬（間宮林蔵著『北夷分界余話』）内閣文庫蔵

❖林蔵、東海岸を行く

その日はノトロ岬を回ってベシーヤヤムに止宿した。翌一八日、アニワ湾を東に向かい、クシュンコタン（今のコルサコフ）に着き止宿。先日よりこの地に着いて警備にあたった最上徳内に会ったか（?）。一九日、同所逗留《とうりゅう》。二〇日、出船、風雨のためホロアントマリに止宿。二一日、同所を出船しホラーツブニに止宿。ここの海岸より四町（一町は一〇八・八メートル）ほどの陸地を船を引いて越し、ポントー川岸に止宿。二二日、同所を出船し、トンナイチヤ湖を経て、二三日、北岸に出た。それからヲショイコニを経て、五月二日、ナイブツに着いた。ここは享和元（一八〇一）年、中村小市郎が踏査した最終点で、これから先の見分は日本人として林蔵が最初である。六日、ナイブツを出船、アイに止宿。それからベシーヨロを経て九日、シルトルに着いた。ここより南の方にフヌップというところ

ナツコ岬（間宮林蔵著『北夷分界余話』）内閣文庫蔵

があり、このあたりの夷人はクシュンコタンまで行き、猟や交易をするという。

一〇日より一五日まで高波のためシルトルに逗留。一六日、同所を出船しシーイに止宿。ここにシーイ川（幌内川）があり、その川筋にヲロッコが住んでいる。

一七日、シーイ出船、タライカに止宿。ここにタライカ（多来加）湖があり、その周囲にヲロッコが住んでいる。ここに満州の官人がきて立てたという杭があり、それには満州文字が刻みこまれてある。ただし、いつのことか、その時代は明らかでない。

二〇日出船し、二一日シャーツクコタンに着いた。ここで陸地を五町ほど越して東北の海岸に出たところ、海上は汐瀬が強く軟小の夷船一艘に諸品を積んで進むことは困難である。伝十郎との約束もあるので、ここから引き返した。

五月二二日、シャーツクコタンを出船、二三日タライカに止宿。二五日タライカ湖からその周囲に住むヲロッコ人の住居を見分し、シーイ川口にいたり止宿。二六日シーイ川筋のヲロッコ人の住居を見分し、またシーイ川口に戻り止宿。二七日シーイ川口を出船、コタンゲシ、ニートイなどを経て三〇日、マーヌイに止宿。ここから陸地を横断するため舟を川に乗り入れ山を越え、五月四日、西海岸のクシュンナイ（久春内）に出た。ここは蝦夷人の通路である。五月七日クシュンナイを出船、これより伝十郎のあとを追い北へ進む。七日、クシュンナイを出船、ウショロ・リヨナイ・ショーヤなどを経て二〇日に、ノテトに着くとちょうどナッコから帰った伝十郎と海上で出会ったので陸に上り、互いに無事であることをよろこび草の上に蹲踞《そんきょ》（しゃがむ）して、これまでのことを語りあった。そして林蔵は伝十郎に向かい、足下は有司であるから、おそくなっては申し訳がたたぬであろう。我はもとより処士にして雇であるから、無人の地を行き、いかようになろうとも差しつかえない。ここで別れて足下は松前に帰られよ。我はこれより満州との分界地理を見きわめたいと語った。しかし林蔵一人では夷人たちが不安をおぼえ同行しようとしない。やむなく林蔵は、せめて伝十郎の行ったところまで参らねば申し訳がたたないと伝十郎の同行を頼み、二二日ノテトを出船、ナツコに行った。それからラッカに進み、一五、六町沖へのり出したが浅瀬が多く、カラフトに沿って舟を進ませることは困難である。対岸のサンタン寄りでなければ、のり抜けることができない。異国の地方をのり通ることは如何と考え、ここから引き返した。その夜はナツコに止宿。二三日、二四日も同所に逗留。二五日、ノテトに帰ってきた（林蔵報告書『北征秘談』）。

林蔵と伝十郎とでは最初からの意気ごみがちがう。伝十郎はカラフトの最北端と考えられていたラッカまで行ったので、役目を果たした気分であったろう。これに反し名誉回復の意気にもえていた林蔵は、それよりもっと奥へ進みたかったであろう。しかし上司の伝十郎が林蔵の帰りを待っていたのでは、伝十郎を無視して先へ進むことができない。不本意ながらナツコに戻ったのである。上司と同行したのでは上司の意思に左右され、林蔵の思うような行動をとることができない。

この見分中、林蔵は一つの銅鑵《どうかん》に魚肉とありあわせの草をいれ、水煮して食べた。しかし魚肉ばかりでは腹に力がなくなり、具合が悪くなるので、そのときは米を粥《かゆ》にし、少しずつ食べた。夜は熊の皮をしいて、その上に臥《ふ》し、熊の皮をかけて眠ったという（『北征秘談』）。

❖伝十郎、西海岸を行く

シラヌシで林蔵と別れた伝十郎は番人の万四郎とともに図合船で五月二日、シラヌシを出船した。トンナイ・クシュンナイ・ライチシカを経てモシリヤに着いた。これから先はスメレンクル（ギリヤーク）の住地である。ここで土着の夷人の厚意によりチップ（夷人の舟）に乗りかえ、ヲツチシに行きアイヌ語を知っているポコノというものを通詞として伴うことにした。

六月九日、ノテトに着き万四郎とともに上陸し、砂路を三町ほど行くと、夷人の家が三軒ある。おのおの二、三〇匹の犬を飼っている。その犬どもが伝十郎を見るや、いっせいに吠えだした。その声に夷人が家から外に飛び出した。そして伝十郎と万四郎を見て仰天し、たちまち多勢集まり何やらいったけれども少しもわからない。幸いにも流木があったので、それに腰をかけて休んでいると、またまた夷人が多数集まってきて、伝十郎と万四郎を取り巻き何やら言葉をかけるけれども一向通じない。そのうち一人がアイヌ語を使ったので、そのものに尋ねたところ、ここはノテトだという。そして夷人の家を指さし、ニシバ（旦那）、チセ（家）、アルキ（行く）という。そこで、そのものを案内にして行くと、その家の女房らしいものが、魚油をかけた桜の実らしいものを真鍮《しんちゅう》の椀にいれ、伜《せがれ》に持たせ伝十郎にさし出した。それを伝十郎は半分だけ食べてから、女房にさし戻し仮小屋に帰ってきた。翌日、コーニというものが伝十郎に面会を申しこんできたので会うと、年齢は三七、八で花色龍紋の錦の服をき、長ともいうべき容貌である。よってポコノを通詞として、いろいろ奥地、サンタン地のようすなどを尋ねた。コーニは、この地の酋長でカーシンタ（郷長）をつとめている。

六月一九日、ノテトを出船しナツコに行く。ここよりサンタン地は、きわめて近く干潮には海草が一面に群れ、干潟《ひがた》となって歩行もできるようである。しかし引き潮となるや、直ちにさし潮となり潮路はいたってむずかしい。やむなく舟をすてて陸行し、ラッカという出崎にいたった。これより北の方は海草が繁茂《はんも》し泥ぶかい地で歩行もできない。ここで東西南北を見渡すと、サンタン地、マンコー（黒龍江）の河口なども、はっきりと見えるから、カラフトは離島に相違ない。草の色もわかる。伝十郎は、ここを日本の国境と見きわめ、粗地図をつくった。ときに六月二〇日である。同日、ノテトに戻ったところ、海上で林蔵と再会し、二二日、林蔵とともにまたナツコに行ったことは既述のとおりである（『北夷談』）。

六月二六日、林蔵とともにノテトを出船。閏六月一八日、シラヌシに帰り、同二〇日、シラヌシを出船、ソウヤに帰着した。

❖林蔵、カラフトの地図を作る

ソウヤには、四月一七日この地に到着した吟味役の高橋三平と在住の川久保和三郎がいたし、五月六日、この地に到着した松前奉行の河尻肥後守春之も滞在していた。

伝十郎と林蔵の両人は奉行に会い、見分の次第をつぶさに報告し、伝十郎は「からふと島奥地見分仕候趣奉二申上一候書付」と題する報告書、林蔵は「カラフト島見分仕候趣申上候書付」（函館図書館所蔵）という報告書を提出し、地図も作ってさし出した。地図は一里につき三寸六分（一〇・九センチ）すなわち三万六千分の一の大図と、一緯度五寸六分（一五・九センチ）の縮尺の図二枚を作った。

林蔵は測量の際、海岸通り、岬々、山々を目当てとして羅鍼により方位を定め、巌《いわお》のないところは目のとどく限りを見通して地形を定めた（函館図書館『地図凡例』）。ただし烈風や濃霧のため見通しがきかぬときもある。縄索《じょうさく》を用いて里数を測定したわけでないから、その里数においてかなりの誤差がある。たとえば北緯四六度を西岸のオホトマリ（シラヌシの北）と東岸のトンナイチヤ湖の北、ヲムートに定め（実際は、それより南）北緯四九度をナツコ（五一度余）の北、黒龍江口付近の地とした。天体観測による緯度・経度の測定法を知らぬ林蔵は、里数によって緯度・経度を定めたのであろうが、実際とはかなりのへだたりがある。つまりカラフトを短く測定したのである。

三万六千分の一の大地図は、今どうなっているか、その所在を知るよしもないが、幸いにも一緯度五寸六分の縮尺の『カラフト島大概図』は現在、内閣文庫に保管してあるので、林蔵のえがいたカラフトの地形を知ることができる。

林蔵はカラフトを短く測定したとはいえ、当時の地図にくらべ、その形状は割合正確で、さすが測量家の手になった図であることがわかる。残念なことにナツコ以北が漠然としていて、間宮海峡がはっきりしない。踏査しないところを図に表すことができなかったからである。

この図が、一緯度五寸六分の縮尺になっていることから推すと、林蔵は一里につき二分（六・六ミリ）の割りでえがいたのだろう。何となれば一緯度の長さは二八里二分であるからである。この二八里二分は、文化元（一八〇四）年、伊能忠敬が算定したもので、林蔵はこの忠敬の算定に従ったのである。

❖林蔵、カラフトの再見分を命ぜられる

閏六月二〇日、林蔵と一緒にソウヤに帰った伝十郎は松前奉行、河尻肥後守から、その労を賞され松前へおもむくように命ぜられたけれども、林蔵は東海岸シレトコ（ペシエンス岬）より奥の方、見残しの場所を見分するように命ぜられた（『北夷談』）。

森銑三先生の示教によれば、このとき林蔵は奉行河尻肥後守に自らすすんで再見分を出願し、奉行がこれを許可したのだという。国会図書館所蔵の『敬斎叢書』に「サンタン、満州の地境を聢《しか》と見きわめずに帰ったのは、残念だからすぐさま引き返して、見きわめたいと再度、申し出たので、奉行も林蔵の出願を、当然の理とし、その場において即時、許可した」（取意）とある。

不本意のままソウヤに戻った林蔵としては、やむにやまれぬ気持ちから再見分を出願したのであろうし、国境確定の意欲にもえていた奉行としても、ナツコ以北の茫漠とした『カラフト島大概図』よりも、もっと詳しい地図を望んだのであろう。

かくて、このたびは林蔵一人がカラフトへ渡ることになったのである。

ナニヲー地図（間宮林蔵著『北夷分界余話』）内閣文庫蔵

❖林蔵、再びカラフトに渡る

ソウヤにおいて再見分の準備をととのえた林蔵は、文化五（一八〇八）年七月一三日、同地を出船した。その日、カラフトのシラヌシに到着し、ここに三日逗留。同一七日、蝦夷舟に乗って同地をあとにし西海岸を北へ進んだ。このたびは一人であるから、誰の指図を受けることもなく林蔵の思うような行動をとることができる。おそらく林蔵は西海岸から北端を回って、東海岸に出ようとしたのであろう。

同二三日、トンナイ（本斗、今のネベルスク）にいたり、舟子となすべきものを雇い入れようとした。トンナイには番屋があって、番人がこれに勤務しているし、蝦夷人の数も多い。けれども第一回の見分に同行した蝦夷人たちが、奥地の艱苦《かんく》をいいたて、林蔵の雇い入れに応じない。やむなくここに八日逗留し、説得につとめた（林蔵はアイヌ語を話す）。その甲斐《かい》あって、ようやく舟子六人を雇い八月三日、ここを発し同一五日、リヨナイ（千緒）にいたった。しかるに翌一六日、サンタン人が数十人、六艘の船に乗ってきて同行の蝦夷人を捕え、種々の妄語を吐き、奥地に行くことは、とうていできないなどといい、また、糧酒・雑器などを奪い取ろうとした。同行の蝦夷人たちは、いずれも恐れおののき先へ進もうとしない。そこで林蔵は同行の蝦夷人をさとして、サンタン人の暴意にさからわぬようにし、若干の米酒を与えてその心を慰めたのでサンタン人も乱暴をやめ、船を出して南方に去って行った。

ここにおいて同行の夷人らは南方に帰ろうといい出し、先へ進むものがない。これには林蔵も当惑し、いろいろ慰めた結果、ようやく同意し、林蔵に従って行くことになった。林蔵も力を得、波のおだやかなのをみて同月二五日、ここを出船。九月三日、トッショカウにいたった。

これより奥地は異俗の地で、寒さも日ましに強くなり、貯糧も残り少なくなったので、同行の蝦夷人らは、またもや帰ろうといいだした。よって舟を返し九月一四日、リョナイに戻った。そして同所の酋長ウトニンの家に止宿しているうち、日をおって雪が積もるけれども、海上は凍結する模様がない。食糧も、ますます少なくなったので、ついに雑具と舟とをウトニンにあずけ、同行の蝦夷人とともに積雪をおかして一一月二六日、トンナイに戻ってきた。この途中、林蔵らはたいてい、林のなかに入って野宿を重ねたが、雪中の野宿は、寒さのために総身がこごえ、我身ながらも我身と感じなかったという。

トンナイにおいては番屋に寓居して、その年を越し、翌文化六（一八〇九）年をむかえた。そして食糧をととのえ、一月二九日、同所を出発。二月二日、ウショロにいたった。これより奥地は満州付属の夷域であるから、同行の蝦夷人たちは前途に不安をおぼえ、先へ進もうとしない。故に六人のうち勇敢なもの一人を残して他はことごとく帰らせ、別に同所の夷人六名を雇い舟を出して四月九日、ノテトの崎にいたった。けれども海上凍結して舟を進めることができない。五月七日までここに滞在した。するとウショロで雇い入れた夷人が、奥地に行くことを恐れ、前進をためらうので、ここでまたもや一名の夷人を雇い、先導とした。サンタン船一艘を借り、同八日、ノテトを発し、同一〇日、イクタマーにいたる。ここでまた、同行の夷人らが前途を危んで、同行を肯《がえ》んじない。よって同所の夷人一名を雇い、先導とし、同一二日、イクタマーを出船。その日ナニヲーに着いた。

この地はこの島の極北の地で、夷人の家が五、六軒ある。ノテトよりここにいたるあいだは、カラフトと東韃靼《だったん》（シベリア）とが相対する迫處《せど》で、潮水はすべて南に流れ、そのあいだに潮路があるとはいえ、波濤《はとう》が激沸する恐れもない。ここから北は、北海、次第にひらけ、潮水はことごとく北に注ぎ、怒濤《どとう》も激しくおこる。軟小の夷船では進むことができない。よって山を越えて東岸に出ようとしたが、同行の夷人はまた、これに同意しない。やむをえず同一七日、船を返し一九日、ノテトに戻ってきた。

筆者は、なぜ林蔵が同行の夷人の協力を得なければ、先へ進むことができなかったのか、これを疑問にしたのであるが、昭和一三年、内閣文庫において三万六千分の一の大地図『北蝦夷島図』を見るにおよんで、この疑問を解くことができた。

一日、四、五里の割合で進む舟のなかで、林蔵は海岸の地形を書きとり、方位・里数を定めねばならない。多忙であったに相違ない。従って林蔵一人が舟をこぎ地形を書きとることはとうていできない相談であった。同行の夷人の協力がなければ、前進を断念せざるを得なかった理由は、ここにある。

林蔵はノテトにおいて東岸に行く機会を待った。しかし貯糧もすでに尽きようとするので、たいてい、木の実・草の根などを食べ、ときどき一握り、二握りの米を粥にしてすすり、ようやく飢えをしのいだ。同行の夷人らは怠惰で役にたたない。ただ、うつうつとして寝たり起きたりしているだけである。彼らをさとして漁猟《ぎょりょう》させようとしても、その気がなく、食物を得て彼らに与えようとしても、たずさえた諸鉄物が少ないので交易もできない。この上は林蔵一人ここにとどまり、時を待って東岸に行こうと決意し、同行の夷人の去就は各自に決めさせると、皆、帰りたいという。よって酋長のコーニに相談したら、コーニはもっとものことである。けれどもニシバ（旦那）一人がここにとどまることには同意しかねる。病気は論なく死亡のこともないとは限らぬ。万一そのようなことがあった場合は、必ずわが属の殺したものと疑われよう。そのとき何を証拠として日本に陳謝したらよいのか。願わくば同行の夷人のうち一、二人を残し、その余を帰らせよという。よって初めから従う夷人一人をとどめ、その余はことごとくウショロに帰したのである。

かくて林蔵はコーニの家に寓居し、その業を助け、漁猟、木樵《きこ》り、網すきなどをしながら東岸の地理および東韃靼、ロシアとの境界などについて質問すると、この島はもとより離れ島で、たとえ東岸に行ってもロシアとの境界を明らかにすることはできない。東韃靼に入って、その事情をきわめた方がよいとのことであった。

もちろん命令によらず異域に入るのは国法にふれる恐れがある。しかしこの島に関するかぎり、その蘊奥《うんおう》をきわめずして帰るのは残念である。何とぞ東韃入貢のときに同行したいと、日ごろ仲よしの女夷を介してコーニに語らせた。するとコーニは、かの地は風土も異なり、林蔵の容貌もちがうので、必ず諸夷のなぶりものにされ、死ぬかも知れぬ。あきらめた方がよいと林蔵の願いを受けいれようとしなかった。しかし林蔵が重ねて請うたので、さらば幸い近いうちにかの地に行くことがあるから、船のことを扶《たす》けて行くべしと約束した（『東韃地方紀行』）。

大体、林蔵の当初の目的は、西岸のナツコから東岸のシレトコまでのあいだを見分することであった。しかるに今や林蔵は方向を変えて、東韃靼に足を踏み入れようとするのである。明らかに林蔵の目的は、ここにおいて一変したのである。しかし、この目的の変更は結果において偉大な功績をたてることになった。何となればカラフトの東北岸および北端は、すでに文化二年、ロシアのクルーゼンシュテルンによって実測済みであるから、たとえ林蔵が東岸に回ったとしても、欧州において、それほど重視されなかったに相違ない。換言すれば、ラペルーズ・ブロートン・クルーゼンシュテルンらの見残したところ、すなわちカラフトと東韃靼（黒龍江下流地方）との関係を明白にしたのが、欧州の学界にセンセーションをおこした所以《ゆえん》である。

❖林蔵、東韃靼に渡る

さて東韃靼行きを決意した林蔵は書をつくって同行の夷人にさずけ、その他、これまでにしたためておいた記録をことごとくあずけ、もしかの地において、自分が死亡した場合は、これを持ち帰ってシラヌシの会所に提出せよと命じた。そしてノテトの酋長コーニを長として男夷四人、ウヤクトウ（ノテトの南方の地）の男夷一人、女夷一人、小児一人、林蔵と合わせて八人、長さ五尋《ひろ》余（一尋は一・三八メートル）、幅約四尺（一・二一メートル）のサンタン船一艘に乗り込み、六月二六日、ノテトを発し、東韃靼をめざして舟を進ませた。けれども、その日は風筋が悪く、潮路も強くおこり、軽軟の夷船では、これをしのぐことができない。船を返してラッカの崎にいたった。ここは産魚が少ない。逗留中はたいてい、草の実だけを食べていた。盛夏の候ではあるが、風がつめたく、烟霧濛濛《もうもう》として衣服のぬれることは雨のなかで蓑《みの》や笠をつけていないのと同じようであったという。

七月二日、風波がおだやかになったので船を出すと、煙霧は濛濛として東西もわからない。そのなかを行くことおよそ三里半で東韃靼のモトマルという崎をみかけ、それより海岸に沿って南下し、カムカタにいたった。ここは怒濤のおこること激しく、急河のようである。夷船も幾たびかくつがえりそうになったけれども、からくもしのいで十町ほど南のロロカマチという湾のうちに船をとめた。その日の暮れごろ、減潮を待って船を出し、一里半ほど南のアルコイに船を進め、その夜はここの海岸に仮屋をつくってすごした。

翌三日、舟を出し、トウムシホー・トエカタムラカローなどを経て、ムシボーというところに止宿した。四日、ここで船中の雑具を残らず取りだし、空船となし、地上にひき上げなどして、その日は、ここですごした。ここは蜉蝣《ぶゆ》と蚊の多いところで、糠《ぬか》をちらしたようである。人の顔や手足に吸いつき、たいへん煩わしい。しかし、それは昼だけのことで夜になるとどこへ行ったのか、所在がわからなかったという。

五日、昨日揚げておいた空船をひいて二〇町余もある山路を越え、タバマチーという小川にいたった。船を川に浮かべておき、ムシボーに帰り、荷物を持って引き返し、その日はその往返で一日をすごした。

六日、タバマチーを発して流れを下ったところ、この川は小川で石瀬が多い。船で下ることができない。よって船から出て、夷人とともに船をひくと、その流水はきわめて冷たく、骨にまでしみ、そのうえ、ムシボーのように煙霧がたちこめて一寸さきも見えない。ようやくキチー湖の源に出たところ、それから先は水も深く、ウルボーというところをすぎ、キチー湖に入った。その夜は湖の北岸の中央、ヌッタランカターにおいて止宿したところ、風が冷たく手足の凍えるのは、本邦の厳寒のようであったという。

同七日、湖中を行くことおよそ二里半でキチーというところに着いた。ここはサンタン人の部落である。舟からあがり、チヲーという満州通訳をつかさどる夷人の家に行くと、ちょうど主人は外出して女夷二人だけがいた。その倉を借りて一泊しようと舟のなかの雑具を残らず運び入れるうちに、同所に住む夷人たちが、大いに林蔵を怪しみ、だんだん集まってきて数十人となり、何やらいってやたらに林蔵をつかまえ外に連れて行こうとした。林蔵は、これを拒んだけれども言語は通じない。彼らも聞きいれない。他の夷人の家に連れていった。黄昏《たそがれ》のころであるから、ほの暗いところに入れ、天鵞絨《びろうど》のような蒲団《ふとん》の上に蹲踞《そんきょ》（しゃがむ）させ、多勢がたちつどい、やたらに抱くものもあれば頬をするものもある。懐《ふところ》を探り、手足をもてあそび、或は口を吸おうとするものもある。そのうち酒肴をもってきて林蔵に強いるものもいたが、その心のほどを測りかね、そのままにして応じないでいると、一老夷がきて林蔵の頭を打ち、強いて酒をすすめようとする。そこへルノーという同行の夷人がきて、大いに衆夷を叱り、林

徳楞（デレン）哩名仮府（間宮林蔵著『東韃地方紀行』）内閣文庫蔵

蔵を連れ出して河の岸辺にいたり、夷人らがニシバを殺そうとしていると聞いたので、救い出したという。かのチヲーの倉に帰り、その夜はそこで一泊した。

キチーは往年、満州仮府のあったところで、夷人の家も二〇軒ほどあり、酒宴の催しなどもあったという。ここはマンコー（黒龍江）の河岸である。

七日、キチーを発してマンコー河をさかのぼったけれども、烈風のため舟を進めることができない。わずかに一里余、上流に行き、その日はガウヌエというところで一泊した。夜になると降雨が激しい。河岸の仮小屋では雨もりを防ぐことができず、ずぶ濡れになって終夜、眠ることができなかったという。

九日、ガウヌエを出船し、ジヤレー・ウルゲーなどを経て七月一一日、デレンに着いた。

❖満州仮府

ここに満州仮府があり、満州の役人が出張している。船夷がシャモ（日本人）を連れてきたというと、満州の役人は、その起居している船に伴い来るべしと命じたので、船夷は船を進めて満州の船に近づけた。林蔵が満州の船に移り、役人のかたわらに行くと、役人らは衣服を改めて応接し、そのことが終わってから林蔵は厨房《ちゅうぼう》のところに蹲踞した。多くの夷人たちが、また大いに林蔵を怪しみ、群がってきて林蔵を弄《もてあそ》ぶことは、キチーに倍したという。

満州仮府は一四、五間（一間は一・八メートル）四方の丸太の柵のなかにある。その柵のうち左右後の三方に交易所を設け、その中央にまた、一重の柵を施し、そのなかに仮府がある。ここで貢物を受け、賞賜を下す。柵ごとに一つの門がある。柵はたいそう粗末で、その木は長短とりまぜ、ただ穴を作って枘《ほぞ》を通しただけである。

上官は三人、その下に五、六〇人の官吏がいる。上官の三人は満州八旗《はっき》の人びとで、毎日仮府に出て諸夷の貢物を受け、晩になると船に帰って休息したり寝たりする。日が暮れると柵の門を閉じ、下官吏だけが交易所に宿泊して、その日の仕事を片づけ明日の準備をする。夜中は、すべて燭火《かがりび》だけをともすという。

上官吏の三人は中以下の官吏を指揮するが、上下のあいだに恭敬をつくすようすもない。飯

「船盧中置酒」
（間宮林蔵著『東韃地方紀行』）内閣文庫蔵

食なども上下の別がないようである。進貢の礼は、下官吏が柵の門に出て、諸夷のうちハラタ（族長）・カーシンタ（郷長）を一人ずつ呼びだし仮府に行く。上官吏三人が三脚の椅子に一人ずつ腰をかけて貢物を受ける。諸夷は笠をぬいで地上にひざまずき、低頭すること三度、それから貢物の黒貂《くろてん》の皮一枚をささげる。中官吏が紹介して上官吏の前にさし出す。貢礼が終わると賞としてハラタに錦一巻（長さ七尋《ひろ》）、カーシンタに純子四尋、庶夷に木綿四反（下級品）・櫛・針・鎖・袱紗《ふくさ》・紅絹三尺（九・一メートル）を与えるのである。

交易は乱雑で一定の式がない。主として柵のなかの交易所において物々交換をするのであるが、道のかたわらで行うこともある。

林蔵がデレンに到着したとき、満州の官吏らは林蔵に対し何国より何のためにきたかと問うた。林蔵が日本人である、蝦夷地にいたり、帰り道で難風にあい漂流船となり、当地についたのだと答えると、それから船をあらため、懐《ふところ》を探り、胴乱のなかに天文道具のあるのを見て、その方は漂着ではない、当国のようすや天度を測るためわざわざきたものに相違ないといい、それから晴天の日を選び、案内のものを添え、眺めのよいところへ連れて行き、地理を測るには、ここがよい、星をみるには、かしこがよいと親切にし、飲食にも念を入れたという。

林蔵が問答のついでにこの仮府の名を尋ねると、官吏は徳楞哩《デレンリメイ》名の四字を書いて林蔵に与えた。

官吏は毎年夏に、ここよりほど遠いイチヤホット（三姓）より松花江を下って、マンコー河（黒龍江）の合流点に達し、それからマンコー河を下って六月中旬ごろ、デレンに着く。そして仲秋のころ府を閉じて帰るのである。府中において越年するものはない。林蔵の滞在中、満州の船は二艘停泊しており、上官吏の一人、托精阿《はんすいか》は七月一五日、一艘の船に乗ってここを発し、イチヤホットに帰っていった。

七月一七日、林蔵とコーニらは荷物をことごとく舟に積み入れ、満州の官吏に別れを告げてデレンをあとにした（『東韃地方紀行』）。

❖林蔵、黒龍江を下る

この日は風が激しく波が荒い。六里ほど下ってジヤレーに着き、舟を岸に引きあげ、この夜はそこですごした。

一八日の朝、舟を出し一三里ほど下ってキチーに着き、先日、厄介になったチヲーの家に行き、倉を借りて泊まった。このたびは主人のチヲーも在宅し、酒肴をそなえて大いにもてなしたという。ここで同船の夷人が犬二匹を交易して舟に乗せた。

先日、通行した道を行くのには、ここからキチー湖に舟を乗り入れねばならないが、このような異域に再びくるとは思われないので、このたびは引き続いてマンコー河を下ることにした。

七月二〇日、キチーを発し、サンタン人の家が一四、五軒もあるカタカーに上陸した。ここは往年、満州仮府のあったところである。その日の夕方、また舟を出し、アヲレーを経て二二日の晩、ポルに着いた。この辺より下流はスメレンクルの部落で、その人物・居家・作業など、すべてカラフトのスメレンクルに異なることがない。

二三日、ポルを発して四日ののちカルメーに着きハラタ（族長）の家に一泊した。酒肴をもって歓待されたことはキチーのようであったという（『東韃地方紀行』）。

この途中、サンタンコエ（今のトイル、懸崖《けんがい》の意）というところで林蔵は、その河岸の高いところに二基の石碑があるのを見た。その昔ロシア人がホンコー河（アムグン河）を下り、ここにきて家を作り、夷人の産物を掠奪したと伝えられ、林蔵は二基の石碑も「賊夷（ロシア人）の建てたもの」と、『東韃地方紀行』に記載したが、これは明の永楽《えいらく》一一（一四一三）年、建立の勅修永寧寺碑と宣徳《せんとく》八（一四三三）年建立の同寺重修碑である。林蔵はこの二碑を遠望しただけであるが、のち清の光緒《こうしょ》一一（一八八五）年、曹廷杰《そうていけつ》により『西伯利東偏紀要』に紹介されて学界の注目を集めるようになった。サンタンコエは元の時代に東征元帥府、明《みん》の時代には永楽七（一四〇九）年、奴兒干《ぬるかん》都司がおかれ、この地方を羈縻《きび》（間接統治）したところである（島田好『東韃紀行』解説）。

同二七日、カルメーを発して流れを下り、二八日、ワーシに着いて野宿した。この四日のあいだに野宿したところは、すべて湿地で柳の枝をたくさんしき、その上を獣皮でおおい寝たけれども、翌朝になると水気が皮の上までとおっていたという。

八月二日、ここを出て五里ほどもあるヒロケー（プロンゲ）にいたり、砂浜においてその夜をすごした。ここはマンコーの河口で夷人の家が四、五軒ある。

同三日、船を出しワッカシ、チヤカガエバーハ、ハカルバーハなどを経て、同七日、カラフトのワケーに渡り、翌八日、ノテトに帰りついた。六月に別れた蝦夷人も出むかえ、ともに無事を喜びあった。同一一日、デレンに同行した夷人たちと別れノテトを出船、九月一五日、シラヌシに到着した（『東韃地方紀行』）。折よくシラヌシには松田伝十郎が勤務していたので、伝十郎の取り計らいで番人と蝦夷人らに付き添われ、九月二八日、ソウヤに渡海、ここで付き添いの人びとと別れ、林蔵は松前へ帰ることとなった。おそらく陸地通行であったろう（『北夷談』）。

いつ林蔵は松前に着いたであろうか。林蔵の著『北夷分界余話』に

己巳《つちのとみ》（文化六年・一八〇九年）冬一一月、松前府にかへり到るといふ（内閣文庫所蔵）。

とある。しかるに淡斎如水編述の『休明光記遺稿』に

間宮林蔵には唐太嶋の地図を仕立て、一二月二七日に松前にぞ帰りける。

とある。どちらが正しいであろうか。

内閣文庫所蔵の一緯度四寸二分の縮尺の『北蝦夷地図』を林蔵が松前奉行に提出したのは、一二月である。長い艱苦《かんく》で体を悪くし休養を必要とした林蔵が、二、三日であの図を作りあげることができたであろうか。不可能に近い。従って一一月二七日とするのが正しいのではなかろうか。一二月というのは淡斎如水の記憶ちがいだろう。

今、第一回探検図（『カラフト島大概地図』）と第二回探検図（『北蝦夷地図』）とを比較すると、さすがに精粗の差がみられる。ことに第一回探検図において点線をもって未見分地であることを示したナツコ以北が、第二回探検図においてはナツコよりナニヲーにいたるあいだ、すべて

実線をもって表され、その海岸線がはっきりする。また第一回探検図においては、想像により点線をもって示されたにすぎないカラフトの対岸、すなわち東韃靼（黒龍江下流地）の海岸線が、やはり実線でえがかれ、その形状が正しく表されている。

緯度は北緯四六度を第一回探検図よりも南に下げて、ショーニ（シラヌシの少し北）の付近におき、北緯五〇度をナニヲー（北緯五三度余）の北、カラフトの北端としている。天体観測による緯度・経度の測定法を知らぬ林蔵は、舟脚《ふなあし》の遅速《ちそく》、夷人の話などにもとづいて計算し、筆録した里数から、割り出したからである。第一回見分と同じように、カラフトを実際よりも短く測ったのである。

❖林蔵、報告書を作る

松前に帰った林蔵は、村上貞助《さだすけ》とともに報告書の作成にとりかかった。貞助は、すなわち秦《はた》貞廉《さだきよ》で、村上島之允の嗣子《じし》である。

明治四年、林蔵の養子孝順が外務省の求めに応じて提出した内閣文庫所蔵の『東韃紀行』の凡例に

文化七庚午季秋七月　　秦　貞廉謹誌

また同書の上巻に

常陸　　間宮林蔵口述
備中　　村上貞助編纂

とあるから、『東韃地方紀行』と『北夷分界余話』のできあがったのは文化七（一八一〇）年七月であろうか。ただし、これは草稿だろう。大連図書館発行の『東韃紀行』付録略伝に「東韃紀行草稿出来」とある。

もともと林蔵は技術（測量）の人で、文筆を得意としない。そのため日記にもとづいて口述したところを村上貞助が書きとったのであろうが、当時、カラフト・黒龍江下流地方に関する著述としては、これ以上のものはない。挿図は、『東韃地方紀行』に二一枚、『北夷分界余話』に九一枚ある。いずれも見事なできばえである。永いあいだ村上島之允について学んだ絵心が役立ったのである。もちろん村上貞助も作図に協力したであろうが、現物を見たことのない貞助だけでは、あれだけの図をえがき得るはずがない。林蔵の原図が見事だったからである。

現今、内閣文庫において保管する三万六千分の一の大地図『北蝦夷島図』も文化七（一八一〇）年七月に完成されたものである。この図は「壱《いち》」、「弐《に》」、「参《さん》」、「肆《し》」、「伍《ご》」、「陸《ろく》」、「柒《しち》」の七部よりなる。ラッカのところに「此所迄、松田伝十郎、間宮林蔵見分」、ナニヲーのところに「此所迄、間宮林蔵見分」、デレンのところに「此所満州出張之役所有之候、間宮林蔵、此所迄見分仕候」という林蔵自筆の付箋《ふせん》がある。その筆は内陸におよばないけれども、踏査した地の形状の描写はきわめて精密である。筆者はこのような図を見たことがない。林蔵が頭脳の粗笨《そほん》な豪傑肌の人ではなく、緻密《ちみつ》な科学者的頭脳の所有者であったことを立証するものである。

かくて林蔵は文化七（一八一〇）年一一月、松前を出発、翌八（一八一一）年一月、江戸に到着した。この途中、林蔵は体の具合が悪くなり、青森通りでは大病をわずらったのであるが、療養につとめた結果回復し、二本松においては算学家の二本松藩士、渡辺治右衛門を訪問した（皆川新作『会田安明の村上檍丸か伝』、『伝記』八巻九号）。

江戸に着いた林蔵は、幕府へ提出すべき報告書『東韃地方紀行』と『北夷分界余話』の作製にとりかかった。内閣文庫所蔵の『東韃地方紀行』と『北夷分界余話』の凡例に「文化八年辛《かのと》未《ひつじ》春三月」とあるから、両書のできあがったのは文化八（一八一一）年三月であろう。凍傷のため手指が腐れて痂結《かけつ》した林蔵は慎重を期して、文化七年七月作成の草稿を筆写を業とする人にさずけ、その作製を依頼したものに相違ない。両書中の筆蹟が林蔵のそれとはちがうし、古賀侗庵の『書満俗図略後』にも「其の目撃する者を以て書工に口授して以て此を為す」とある（森銑三著作集第五巻）。そして流布本の『東韃紀行』には

文化五辰年の秋、再び間宮林蔵一人をして北蝦夷の奥地に至らしめらるるに

とあるのに、内閣文庫所蔵の『東韃地方紀行』には

文化五辰年の秋、再び間宮林蔵一人をして、北蝦夷の奥地に至る事を命ぜられければとことさらつつしみの意を表している。林蔵が報告書として直接幕府に提出するため作成したからである。

『北夷分界余話』という標題は、内閣文庫所蔵の一〇冊本に限られ、他の写本は『北蝦夷地部』、『北夷紀行』、『北蝦夷新図説』、『北蝦夷島新説』、『北蝦夷地紀行』、『銅柱余録』などという標題である。安政二（一八五五）年、『北蝦夷図説』として出版されてから『北蝦夷図説』という書名がひろく用いられるようになった。カラフトの地理・気候・民族の風俗・習慣・産業などを絵入りで説明した本書には『北蝦夷図説』という標題が、もっとも適しているからである。

江戸にかえった林蔵は、安心したのか体の具合がまた悪くなって長らく病いの床にふし、幕府に退職を出願した。しかし幕府としては、これだけの功労のある人を罷免することができず、典薬頭《てんやくのかみ》の治療を受けさせただけでなく、一生無役の恩典をさずけたのである。そして四月、老中牧野備前守の沙汰により、調役下役格に任じ、切米三〇俵三人扶持を支給することを松前奉行荒尾但馬守から申し渡した。

その後、林蔵の健康は回復し、あとで詳述するように五月一七日には深川の伊能忠敬を訪問した。六月二日には司馬江漢《しばこうかん》をたずね、カラフト、ことにトナカイについての話をし、それからまた深川の伊能忠敬宅に行ったのである。

林蔵と高橋景保・山田聯・淡斎如水

❖学力の足らぬ高橋景保

文化四（一八〇七）年一二月、幕府から世界全図の作製を命ぜられた天文方の高橋作左衛門景保《かげやす》は、資料である蘭書の蒐集につとめたのであるが（蘭学者及び大名から借用）、何分にもそれまで世界地理学を学んだこともなく、蘭語読解力もとぼしい景保は、独力で蘭書を通読することも地図を作ることもできない。それをみかねた間重富《はざましげとみ》のすすめがあって、長崎の蘭通詞ながら江戸にいた馬場為八郎の養子で、長崎の蘭通詞をつとめる馬場佐十郎貞由《さだよし》を、江戸にまねいて景保に協力させることになった。文化五（一八〇八）年二月、為八郎が蝦夷地に出張することになったからである。かくて佐十郎は五年三月、長崎を出発し、江戸にきて天文方に出仕し、世界全図を作ることとなった。ときに景保は二五歳、佐十郎は二二歳であった。佐十郎の江戸到着は四月下旬か五月はじめごろであったろう。

さっそく佐十郎は蘭書の翻訳に取りかかったのであるが、このときちょうど長崎の蘭通詞、本木庄左衛門も和蘭献上品を護送し、江戸にきていた（二月下旬、江戸到着）ので、地図作製の手伝いを命ぜられ、先年、レザノフから贈られた英国のアロウスミスの世界図を天文方に寄贈した。文化五（一八〇八）年六月ごろであったろう。

このアロウスミスの図は、カラフトに相当する地に、ラペルーズのサガリイン、カラフト接合図を採りいれたもので、南北に細長く、その北にサガリインがえがかれていない。それを見た佐十郎と景保は、従来のカラフト、サガリイン別個説に疑問をさしはさんだ。それまでの景保は「世にカラフトとサハリヤンは自ら二島をなすといい、又、同島なりとするものがあって、衆説、紛々としている。余（景保）は、もとより其説に論なし」（『北夷考証』、取意）という程度で、特にカラフト問題に対し、これといった定見はなかったのである。佐十郎とても同様であったろう。

蝦夷、カラフト、千島に関する調査は松前奉行が本家である。白紙の景保は松前奉行に頼らざるを得ない。そこで景保は疑問をただすため、質問の書状を松前に送った。おそらく松前奉行あてであったろう。役所から役所へ送る文書は、長官あてにするのが普通だからである。松前奉行が本家とはいっても、奉行自身が地理調査をしたわけではない。部下が第一線にたって調査したのである。まして新任の奉行、村垣淡路守では景保の質問に答えることができない。

そこで景保の質問状はソウヤに送られ、同地に出張中の奉行、河尻肥後守から松田伝十郎と間宮林蔵の二人に手渡されたに相違ない。二人はカラフトから帰ったばかりで回答者としては、この二人以上の適任者はないからである。回答の責任は当然伝十郎が負わねばならぬところだが、伝十郎は地図を作ることができない。そこで林蔵が回答することとなったものと考えられる。林蔵から景保あての書簡に「御尋之通」とある。

❖景保と林蔵

当時の記録を総合すると、林蔵と景保との関係が生じたのはこれが最初である。それまでの景保は、伊能忠敬から林蔵の名をきいていたであろうが、直接の交渉はない。親譲りの地位（天文方）を鼻にかけ、人を見下すことの好きな景保が、地位も低く、面識もなく、所属もちがう林蔵に手紙を送ることなどしなかっただろう。

第一回の見分において林蔵は、特にカラフト、サガリインの問題を解決しようという意欲をもたなかったようである。報告書にも「カラフトというのは総地名ではない。奥地の土人はカラフトと呼んでいない」（取意）と記述しただけで、奥地がサガリインであると断定していない。また同報告書に「ナヨロ川（アテキ）、ヲーッチシ川（イドイ）、ウタニ川（ウタゲー）、ワンライ（ワンレ）、ノテト川（テーツカ）、ナーツコ川（ラーツカ）」（原文、かっこ内は朱書）の六カ所について、アイヌ呼びとスメレンクル呼び（かっこ内）の地名を記載しているが、この地名が西洋の図にいうサガリインに属する地名であるとも論及していない。しかるに景保に送った書状には、地名とサガリインとの関係を考察した記載がある。この書状は東京の間宮家において保管していたのであるが、関東大震災で焼失した。幸いにも小川琢治博士執筆の『間宮林蔵』（『地学雑誌』一八九号）に収載されてあるので、それを読むと、「満州に近い海岸の地名はフランス版海上全図にいうサハリインの地名に符合するところもあるから、奥地はサハリインであろう」（取意）という一句がある。すなわち林蔵は景保の質問状に接して、はじめてサガリイン、カラフト問題を解決しようとの意欲をおこしたのである。無理もない、このとき林蔵は、いまだアロウスミスの地図を見ていないのであるから。もっともラッカまで踏査した林蔵であるから、地名の検討によってサガリインとカラフトが同一であろうぐらいは、うすうす気付いていたかも知れない。けれどもそれだけでは断定し得なかったのであろう。林蔵は景保あての書信に「治定の義ではない」の一句を書き加えている。小川琢治博士は、この一句を林蔵が確論するにたる充分な証拠をもたぬための謙譲と解釈し、さらに一地両名の比較は、林蔵が景保の前駆をなすと評されたのは適評である。

ここで筆者は、右のような林蔵の記述の変遷から推して、次のごとく断定したい。林蔵が景保の質問状に接したのは文化五（一八〇八）年閏六月、松前奉行河尻肥後守に報告書をさし出したあとである。もし林蔵がカラフト見分に先だち、高橋景保からカラフト、サガリイン問題についての調査を依頼されていたならば、第一回見分の報告書にカラフト、サガリイン問題に関する記事が記載されたはずである。しかるに報告書に全然その記事を載せず、景保あての書簡においてはじめてこの問題を論じているのは、林蔵が前もって景保からカラフト、サガリイン問題についての調査を依頼されたことがないからであると。松田伝十郎も、その報告書および『北夷談』において、この問題につき一言も費していない。しかし、第二回見分においては林蔵もこの問題に注意を向け、新しく仕入れた知識と、第一回見分における知見（主として地名）とにもとづき考究を重ねた結果、カラフトの奥地を西洋ではサガリインと呼ぶという結論に達した。そしてその旨を江戸の景保に書き送ったのである。その手紙には「十一月六日」の五字が記入されてある。おそらく林蔵が文化五（一八〇八）年の冬、トッショカウからトンナイに戻る途中において、したためたものだろう（内閣文庫）。

江戸の景保は林蔵の第一回書信にもとづき、それにデュアルトの『支那帝国誌』所載のサガリイン図、アロウスミスの図、『十六省九辺図』などを参考し、『北夷考』を著して「サハリヤンというものは、固より北野作《きたえぞ》の奥地であること明らかである」（取意、函館図書館所蔵）と述べ、ついで六（一八〇九）年秋、林蔵の第二回書信を受けとるや、『北夷考』を増補して『北夷考証』を著した。そして「北端、多くは乾隆年製図（『十六省九辺図』）に依り、南端は間宮林蔵の実験図を主として、あらたに校訂図をつくった。図成れば新訂諳厄里亜《あんげりあ》版（イギリス、アロウスミスの図）のサガリイン図と彷彿《ほうふつ》としている」と記述したのである（『十六省九辺図』は上原久氏教示）。

右にいう間宮林蔵の実験図というのは、文化五（一八〇八）年一〇月一五日、江戸に帰った松田伝十郎が幕府に提出したもので、現今、内閣文庫において保管する林蔵自筆の『カラフト島大概図』と、林蔵の第二回書信に付載されたカラフトの図だろう。

我々は、景保の『北夷考証』成立のかげに馬場佐十郎の努力があったことを見のがしてはならぬ。景保の著『北夷考証』に引用してある蘭書の和訳文は、すべて佐十郎の手になったもので、しかも佐十郎の訳書『東北韃靼《だったん》諸国図誌野作《えぞ》雑記訳説』には「耶蘇会士《やそかいし》等所製『サガリン島の図』（『十六省九辺図』）と、我邦、近時新製のカラフト図（林蔵の図）と接合して一体となし」た図をかかげ、「彼サガリイン、我カラフトと呼べるもの固より自ら一島たり」と断定してあるからである。すなわち佐十郎も林蔵のカラフト図を見た結果、景保と同じカラフト、サガリイン同一説に到達したのである。

一体、佐十郎と景保とでは、蘭書の読解力において師と弟子ほどのちがいがあった。そのため景保は蘭書の訳出と蘭書による考証とを佐十郎に一任し、それに頼らねばならなかったのである。佐十郎の努力がなければ、景保の『北夷考証』はできあがらなかっただろう（この項、小川琢治博士『間宮林蔵』、日独文化協会編『シーボルト研究』に負うところが多い)。

❖『新訂万国全図』と林蔵

ところで景保の任務は世界全図を作ることである。林蔵のカラフト図と『十六省九辺図』のサガリインとの接合図を作った景保は、それを採り入れた小型の世界図(横一尺一寸＝三三センチ、縦七寸＝二〇・二センチ)を仕上げ、亜欧堂田善《あおうどうでんぜん》(本名、永田善吉)にさずけて銅版に付した。『新鐫《しんせん》総界全図』という。また『日本辺界略図』をえがき、これも同じ大きさで銅版にした。地図の銅版は、これが日本における最初で、文化六(一八〇九)年のことである。次に説く『新訂万国全図』を銅版にするための試作であった。

『新訂万国全図』といえば、文化七(一八一〇)年三月にできあがったと、今までいわれていたのであるが、それは筆写図である。この筆写図は現在内閣文庫の保管に属し、日本唯一のものである。

筆写図の原稿は馬場佐十郎が作ったものだろう。『東北韃靼《だったん》諸国図誌野作《えぞ》雑記訳説』に掲載された、『十六省九辺図』のサガリインと林蔵の第一回探検図とを接合したカラフトと同じ形状の図がえがかれてある。佐十郎の原稿は、今どうなっているのであろうか。その所在を知るよしもないが、原稿なしに、あの図はできあがらぬ。

『新鐫総界全図』の大槻磐水《ばんすい》（玄沢《げんたく》）の跋文《ばつぶん》に「図は下津子明描き、浦野忠郷楷す」とあるから、『新訂万国全図』も景保の部下、下津子明が佐十郎の原稿にもとづいて図し、浦野忠郷（元周）が文字を書きいれたのだろう。東半球・西半球とも直径約三尺（九五センチ）の見事な図である。

この図は今まで学界から顧みられず、誰もこれに言及しなかった。幸いにも筆者は昭和三二（一九五七）年、内閣文庫において閲覧し、そのカラフト図が『東北韃靼諸国図誌野作雑記訳説』、『北夷考証』、『新鐫総界全図』、『日本辺界略図』と、その形状において全く同一であることを発見したのである。図の凡例に「文化七年春三月、測量所臣、高橋景保謹識」とある。しかし景保は、この図をそのまま銅版に付し、印刷しなかった。林蔵の第二回見分を知った景保は、その結果を待って訂正しようとの意図をもったからである。

❖筆写図と銅版図との比較

今、筆写図と銅版図とを比較対照すると、カラフトと蝦夷地（北海道）と千島と九州との形状において、著しいちがいがある。まずカラフトであるが、筆写図のカラフトは銅版図において全く姿を消し、縮小されてはいるものの、林蔵の第二回探検図がそのまま採り入れられている。緯度も林蔵の図に従い、カラフトの北端を北緯五〇度余にしてある（これは北緯五四度余にした筆写図が正しい）。蝦夷地は筆写図においてエリモ岬が西にかたよりすぎているのであるが、山田聯《つらね》の『北裔《ほくえい》図説集覧』中の「拙作蝦夷全地略図」にもとづいて改められ、山田の蝦夷地と同じ形状になっている。

千島諸島は現在内閣文庫の所蔵に属する『チプカ諸島図』（チプカはアイヌ語で東の意）にもとづき、それを縮小してえがいたものだろう。筆写図において千島列島北端のソウムシュ（シュムシュ）とネコタンが銅版図においてはシュムチチョ、ヲンネコタンに改められ、筆写図において面積の大きすぎるクナシリ、エトロフが銅版図において実状に近い形にちぢめられている。列島の称呼も筆写図の「クルムセ諸島、所謂《いわゆる》千島」が銅版図においては「チプカ諸島、所謂千島」に変更された。

ところで、この『チプカ諸島図』は縦三二センチ、横一三五センチの細長い地図であるが、誰がこの図を作ったのであろうか。昭和三年、筆者は内閣文庫において『チプカ諸島図』を見てから、確証もないまま漫然、間宮林蔵と推定したのであるが、その後、静嘉堂文庫において『蝦夷地近傍大概地図』を見るにおよんで、林蔵の作であることを、確かめることができた。同図の左方下端に「間宮林蔵製図」とあり、千島諸島の配列、形状、島名なども同一だからである。ただしシモシリがモモシリ、本蝦夷地（北海道）のソウヤがショーヤになっているから、林蔵の自筆ではなく誰かが模写したものだろう。

『新訂万国全図』銅版図中の千島が、内閣文庫所蔵の『チプカ諸島図』に拠ったであろうことは、諸島の配列、島名、称呼、緯度、経度が一致していること、ことにエトロフの形状が林蔵の『ヱトロフ島大概図』と同一であることから推定し得られる。

九州は、筆写図において長久保赤水の『日本輿地路程全図』にもとづいてえがかれた箇所が、銅版図においては、伊能忠敬の実測結果を採りいれた形に改められている。しかるに銅版図の凡例は、筆写図のそれと全く同じであるため、今まで銅版図も文化七(一八一〇)年三月の作製とされていた。けれども前述のような筆写図と銅版図とのちがいから推して、筆者は文化八年秋以後の作製と推定したい。何となれば、林蔵の『東韃地方紀行』、『北夷分界余話』の浄書本ができあがったのは文化八(一八一一)年三月であり、山田聯が幕府の大学頭、林述斎の求めに応じて『北裔図説集覧』を幕府に献納したのは文化八(一八一一)年秋であり、伊能忠敬が九州の測量から江戸に帰ったのは文化八年五月八日で、その製図が完了し幕府に献納したのは一一月一五日だからである。

『新訂万国全図』は筆写図・銅版図とも日本における世界全図作製史上、一エポックを画した傑作である。そして、その凡例に「高橋景保、謹識」とあるため、今まで景保一人の功業のようにいわれていた。しかし筆者は、この説に対し疑問をもつ。第一、景保には資料である蘭書を十分に消化しうるほどの語学力がなかった。第二、景保には長官の特権をふり回し、配下の人びとに翻訳または研究させ、それを監修の立場から景保の名義にし、しかも部下の労にむくいない性癖があった。『新訂万国全図』（筆写図・銅版図とも）の凡例に「間重富亦其事にあずかる」（原漢文）とあるけれども、長老の重富が作図にどれだけの寄与をしたか、おそらく原稿作製の労は馬場佐十郎がとったのに相違あるまい。しかるに佐十郎は年が若く地位も低いため、凡例に、その名が記入されなかった。佐十郎に対し、気の毒というほかない。

❖山田聯と林蔵

山田聯といっても知らぬ人が多いかもしれない。幕府の若年寄、堀田摂津守正敦に仕え、文化四（一八〇七）年、摂津守が蝦夷地を巡視したとき、これに随行した人である。山崎派の学者ながら北方地理学にも意をそそぎ、『北辺合考』、『北裔備攻草稿《びこう》』、『北裔図説集覧』、『蝦夷沿革考』などの著書がある。このうち『北裔備攻草稿』（内閣文庫）は、彼の力著として重視すべきもので、そのなかに林蔵に関する記事が散見する。

当時、北方の地理に関心をよせた学者たちが、どれほど林蔵の見分に期待をかけたかは、高橋景保の『北夷考証』に「その地形、方位、幅員、道路、村落、土俗等の詳《つまびらか》の如きは間宮生、帰府の時を期するのみ」とあり、また山田聯の『北裔備攻草稿』にも次の記事があるので察し得られる。

伝聞《つたえきく》、倫宗（林蔵）、心なおいまだ慊《あきたる》とせずして雪を犯して再行し、その地彊《ちきょう》（地境）を究尽するを以て期すと。彼、必、復《また》、その的に徴すべきものを得て帰来せんか。因姑俟《よってしばらくいじ》二異日《つをまつ》一（内閣文庫）。

林蔵がカラフトの北部をきわめ、さらに東韃靼に渡って黒龍江下流地方の事情をつまびらかにし、山田聯らが単に土人の伝説としてきいていたキチー（キンジバ）・デレン（デレエ）（以上地名）、コルデッケ・サンタン・スメレンクル（以上種族名）などについての詳細な報告を行うや、これらの学者は瞠目《どうもく》したに相違ない。そして、従来多くの学者が疑惑のなかにさまよったカラフト、サガリイン別個、同一の両説につき、林蔵が断然と「佛郎擦《ふらんす》版、海上図中、サガリインと題する島がある。その島は大抵カラフト島のところにえがかれてある。また、その地名もおおむね林蔵が調べたところと一致する。おそらくこの島を称するのであろう」と主張したことは、カラフト、サガリイン別個説を固執した聯にとって不可解なことであったのだろう。文化八（一八一一）年閏二月、聯が林蔵と面談したとき、聯は古文献中の記事を挙げて、カラフトとサガリインとが別個のものであったことを主張し、さらに折衷《せっちゅう》説を出して、カラフトとサガリインとは沙州をもって連続し、一同島になったのであろうと述べた。これに対して林蔵は「千百年の前に島であったものが、今、沙州をもって合して一島になったものという貴所の高論を得て、はじめて符合することを知る」と答えた（『北裔備攷草稿』、小川琢治『間宮林蔵』）、つまり林蔵は聯の説に賛同したので、後年、林蔵は川路聖謨《かわじとしあきら》に「唐太とサガリインもと二島にて後年、一島に成たるか」(『川路聖謨文書』)と語っている。

❖淡斎如水の反論

林蔵のカラフト、サガリイン同一説に対して、反論を試みた人がもう一人いた。箱館の淡斎《たんさい》如水《にょすい》である。如水は林蔵の見分に注意していたとみえて、林蔵の『北蝦夷図説』にもとづき、『新談カラフト廻島記』(函館図書館)を著し、そのなかに「和蘭語では口をモントといい、島をエイラントという。モルチイルの編んだ図によればサガリインは全くカラフト島の所在にあたらない。サガリインは別の一大島で、カラフト島ではない」(取意)と記述し、「間宮が説、信じがたし」と林蔵のカラフト、サガリイン同一説に反対したのである。

❖間宮海峡発見の意義、小川琢治博士の説

現代の日本人のなかには、林蔵を間宮海峡の発見者と呼ぶことに対し異議をとなえ、林蔵は日本人として最初に海峡を渡っただけである。その以前に、この地方の夷人は久しいあいだ、この海峡を幾たびか往来している。従って林蔵を海峡の発見者と呼ぶことはできないという。これについては森銑三先生の示教により閲読した、明治四二(一九〇九)年七月一四日の読売

新聞紙上に小川琢治博士の明快な論説が掲載されてあるから、その大要を次にかかげて、筆者の論述に代えよう（文語文を現代文に改めた）。

そのような説を唱えるものがあるとすれば、それは発見という語の意義を知らないからである。もし初めて目撃したものでなければ、発見者と呼ぶことができないというのならば、現今、地理学上の発見は南北の両極を除き、人類の住居するところで、望むことはできない。アフリカ内地におけるリビングストーン、スタンレーの事業の如きは、欧州人が初めて目撃しただけであって、土人は幾百千年来、その土地に生まれ、その山川を知っている。故に彼ら欧州の旅行者を発見者ということはできない。コロンブスのアメリカ発見も、その後、グリーンランド在住のブイキングがコロンブス以前に漂着したことが明らかになったので、これもまた、発見ということはできない、豈《あに》、このような推論の法があろうか。林蔵の北蝦夷図説、第一回探検報告、『東韃紀行』を読み、これを当時の他の書と比較し、林蔵の旅行前にできたカラフトの地図と、林蔵の後に成った地図とをくらべれば、地理学上の価値の大小は甚だ明白である。林蔵が海峡の両岸を踏査し、海峡の存在を確定し、地名を対照して支那地図（『皇輿全覧図』）上の島と、樺太島と同一であることを決定して、初めて内外の学者をして樺太が島嶼《とうしょ》であることを認めさせることができたのである（取意、間宮林蔵先生韃靼海峡発見の意義）。

まことに小川博士の所説のように、林蔵が海峡の発見者と呼ばれるのは、世界最初にこの海峡の両岸を測量し、地図を作って海峡の存在を明らかにしたからである。そしてまた、その測量の経過を示す『東韃地方紀行』、『北蝦夷図説』を著したからである。つまり不明瞭のまま一番問題になった地域を科学的に明白にしたため、内外の学者がこれを認めざるを得なかったからである。地図なくしてカラフトは島か、大陸の地続きかの問題は解決されなかっただろう。

林蔵の蝦夷地下向

❖林蔵、伊能忠敬から測量術を学ぶ

文化八（一八一一）年五月八日、九州の測量から江戸の深川黒江町に帰った伊能忠敬は、同月一九日の午前、林蔵の訪問を受けた。寛政一二（一八〇〇）年以来、一一年ぶりのことである。そのあいだ二人は面談の機会をもたなかったけれども、すでに二人の心は通じあっていて、林蔵は忠敬を師とも父とも思い、忠敬もまた林蔵に対し親戚のような親近感をいだいていた。ことに二回にわたるカラフト見分により、名声のあがった林蔵をまのあたり見た忠敬は、非常にうれしかったのであろう。大谷亮吉氏所引の忠敬の書簡に「日本に稀なる大剛者の間宮」（『伊能忠敬』）の一句がある。

林蔵が忠敬を訪問したのは、久闊《きゅうかつ》を叙するためであったろうが、忠敬から高等の測量術を学ぶのが、その主な目的でもあった。これ以来、林蔵はたびたび忠敬を訪問した。忠敬もまた六月五日、若年寄、堀田摂津守をおとずれた際、ついでに山田聯と林蔵方に立ちよったことがある。

数度にわたる林蔵の訪問のうち、六月二八日、九月一四日、一〇月一日には特に夜を選んで忠敬宅に行った。天体観測による緯度、経度の測定法を学ぶためであったろう。この間、忠敬は孫の三治郎の教育について林蔵に相談した。忠敬の意見としては芸事よりも、第一が手習い、第二が読みものということであり、林蔵も忠敬と同じ意見であったので、忠敬は、林蔵を佐原へやって三治郎に会わせたかったのであろう。大谷亮吉氏『伊能忠敬』所載の忠敬の手紙に「是（林蔵）も三治郎に対面致度、佐原え態々《わざわざ》立寄申度候」とある（『忠敬日記』『書簡』）。

一一月二五日、九州測量のため忠敬がまたまた江戸を出発するにあたり、恒例による深川富ケ岡八幡宮に参詣をすると、林蔵は桜井秀蔵（忠敬の庶子）らとともに、富ケ岡八幡宮において忠敬を見送った（『忠敬日記』）。このときであろう、忠敬は「贈間宮倫宗序」を林蔵に贈ったのである。「贈間宮倫宗序」は忠敬の文章のうち、すぐれたものとして有名であるが、その大略を紹介すると次のとおりである（現代文に改める）。

古人はいった。世に非常の人があって非常の功がある。非常の功はなしがたく、非常の人はもっとも得がたいと。寛政の末、覇府《はふ》（幕府）は群吏をして蝦夷地を開かせた。そのなかに間宮倫宗がいて群吏と夷地を往来すること数年におよんだ。後、孤剣単身、窮厄《きゅうやく》をいとわず、地の盤旋《ばんせん》するところ、島嶼の向背《こうはい》するところ、その方を、ことごとくきわめ、以て、その風容をつまびらかにし、その態状を察した。遂に北狄《ほくてき》、満州の地にいたり、清人の都護府《とごふ》をおとずれて帰った。ここにおいて夷地の詳細は明らかになったのである。覇府は、その功を偉とし、これに命じて更に夷地に入り、その方を測らしむ。そのため今年すなわち八年の冬、まさに出発しようとしている、余（忠敬）について測極量地の術を学んだ。これより先、寛政一二年、余は命をうけて蝦夷地を測り中路、倫宗と会い、これより親しむこと師父のようである。今や余は量地のため九州におもむこうとしている。倫宗はいう。君は西州におもむく。吾は北狄に入る。地の相去ること数千里、相別れること数年、願わくば一言を乞い会期の符にしたいと、余はいう。偉なるかな、倫宗。政府が大いに非常の役をおこす、その人がないではない。けれども倫宗の履歴するところは、ただ櫛風沐《しっぷうもく》雨《う》というだけではない。粒食を絶ち凝寒《ぎょうかん》をおかし、人外獣内の俗、吾より逆らわずして、その根実をきわめるもの、また幾何《いくばく》あろうか。行け、倫宗。よく、その職を修め政府の非常の功を裨益《ひえき》せんか。これを贈言の別とする（原漢文、伊能忠敬記念館）。

この富ケ岡八幡宮において忠敬を見送る前のことであろう。林蔵は忠敬から桜井秀蔵とともに、深川黒江町の家屋売却についての尽力を依頼された。千葉県佐原市、伊能忠敬記念館所蔵の、高橋景保から伊能忠敬に送った書状および伊能三郎右衛門（景敬、忠敬の後嗣）から忠敬にあてた書簡によると、林蔵は桜井秀蔵とともに二〇両で買いたいという人をさがし、それから高橋景保に相談して、二〇両は安値であるけれども、火事の多い当冬のことゆえ類焼もはかりがたい、一日もはやく売り払った方がよいというと、景保は伊能三郎右衛門（佐原在住）の承諾がなければ売却できないという。そこで秀蔵から佐原の三郎右衛門に対し手紙を送って承諾を求めたところ、いまだ三郎右衛門から回答がないうちに、一二月晦日、林蔵は江戸の深川を出発して蝦夷地に下向《げこう》することとなった。林蔵は家屋売却の件が心配だったので秀蔵に問い合わせたら、佐原から回答があるまで見合わせるとのことであった。出発に際し林蔵は忠敬の深川黒江町の住宅の地代、昨年暮からの一両二分と家主（忠敬所有の家のほかに借家があったか）への支払、二朱、計一両二歩二朱の立て替え払いをした。これには三郎右衛門もたいそう感謝し、「間宮氏、三次（治）郎初一同へ万端、深志之取計《とりはからい》恭《かたじけなく》奉ㇾ存候」と、父の忠敬に送った手紙に書きそえている。家屋売却の件は三郎右衛門の意見もあり、三郎右衛門から測量旅行中の忠敬に問い合わせたこともあって、のびのびとなり、三年後の文化一一（一八一四）年六月になって、忠敬は黒江町から亀島八丁堀に移転した。林蔵が立て替え払いした一両二歩二朱は、三郎右衛門から地主と家主に支払うつもりであったから、後日、蝦夷地の林蔵に送ったものと思われる。

忠敬の書簡によると、林蔵は文化八（一八一一）年一一月二〇日に江戸を出発し、蝦夷地に下向する予定であった（大谷亮吉『伊能忠敬』）。しかしそれが延期となった。これは林蔵が忠敬の江戸出発を見送ることを望んだためでもあったろうが、他の理由は忠敬から黒江町の家屋売却の件を依頼されたこと、および林蔵が幕府当局に蝦夷地下向の届けを出したら、出発の延期を命ぜられたからである。何事であろうと待っていると、路用として金子《きんす》百両を贈られた。林蔵のカラフト、東韃靼見分に対する慰労金であったろう。思いがけない大金に林蔵は、自分のような卑賤なものに、ありがたいことだと感激した（『山崎半蔵日記』）。

かくて一二月晦日、林蔵は江戸を出発し蝦夷地に下ったのである。ただし、このたびの蝦夷地下向は林蔵の心入れによるものである。このとき佐原（千葉県）の伊能家に立ちより、忠敬の孫の三治郎に会ったかどうか明らかでないけれども、弘前（青森県）の津軽藩士、山崎半蔵をおとずれ、いろいろ語りあったことは、半蔵の日記によって察し得られる。

❖林蔵とゴローウニン

文化九（一八一二）年二月、林蔵は松前の獄舎にロシアの海軍少佐ゴローウニンをたずねた。伊能忠敬から学ぶことのできなかった経度の測定法について質問するためである。

ゴローウニンはロシア政府の命を受け、千島列島測量のため、一八一一年四月二五日（露暦）軍艦ディアナ号に乗りペトロパブロフスクを出港し、ウルップまできたが、薪水食糧が不足しクナシリのトマリに寄航、六月四日（七月一一日）上陸したところ、松前奉行支配調役奈佐瀬左衛門一隊のために捕えられた。日本人としては文化四（一八〇七）年におけるフォストフ事件の報復であった。ゴローウニンはじめロシア人七人とラショヮ島の夷人ヲロキセ（アレキセーフ）の計八人は、トマリから箱館を経て松前に移され、八月二五日（文化八年）から松前の獄舎において幕府の処分を待つ身となった。当時この獄舎を置所《おきしょ》と呼んだ。

ゴローウニン事件については、ゴローウニン自身の著書『日本幽囚記《ゆうしゅうき》』がある。日本においては文政五（一八二二）年、天文方出仕の馬場佐十郎が幕府の命令を受け、翻訳にとりかかった。しかし佐十郎は翻訳もなかばにいたらずして同年七月二七日病死したため、かわって蕃書《ばんしょ》和解《わげ》御用方出仕の青地林宗《りんそう》と杉田立卿《りつけい》（玄白の子）の二人が翻訳を担当し、文政八（一八二五）年一二月訳了した。翻訳書の題名を『遭厄《そうやく》日本紀事』という。この書のなかに林蔵関係の記事がある。林蔵の生存中、訳了した書であるから、林蔵も読んだであろう。次に『遭厄日本紀事』により、海軍軍令部訳『日本幽囚実記』、井上満氏訳『日本幽囚記』、その他の諸書を参照しつつ、林蔵関係の記事をかかげよう。

文化九（一八一二）年二月のある日、通詞（原文、通事）が間宮林蔵をつれてきて、告げていう。この人は星学量地の術を知るもので、近ごろ江戸からきたのである。欧羅巴《ヨーロッパ》流の医者（蘭方医）が考案した壊血病《かいけつびょう》の予防薬をもってきたといって出してみせた。それは二個の罐《かん》に入った回青橙《だいだい》汁と、多くの回青橙《だいだい》、香橘《くねんぼ》ならびに香気の強い薬物である。ゴローウニンらに、それを少しずつ飯料に加えて用いることをすすめた。このときまた奉行からの贈り物であるとて、砂糖四斤（一斤、六〇〇グラム）と砂糖で煮た蕃椒《とうがらし》一箱を渡した。

ゴローウニンは、これらのものを贈って星学・量地（天文・測量）の術を学ぼうとするのだろうと、心中、察していると、果たして林蔵は測量の器具を出してみせた。それは英国製の銅の六分儀羅盤と、測量に用いる水銀などであった。そして欧羅巴では、この器具をどのように用いるのかと問い、林蔵が所々、測量のため旅行した土地ならびに風俗などについて終日物語ったので、ゴローウニンも珍しいことと思い聞いていた。

林蔵は、日本でもその術に巧みで、諸方を遍歴するので名があるとみえ、彼が辺境を跋渉《ばっしょう》したのは、日本では奇異のことであるという。彼はクリル（千島）の第一七島およびサガリイン、満州の地、黒龍江まで行った。林蔵は、その旅行にたずさえる食物を煮る罐であるといって、それをゴローウニンらに見せてから、ゴローウニンらの炉で食物を煮て、林蔵自ら食べゴローウニンらにも与えた。また米でつくった焼酎を出し、自ら飲みゴローウニンらにも与えたので、水夫らはこの焼酎をたいそう喜んだという。

林蔵は六分儀を用いて日の高低を測り、本地の緯度を知ることは、蘭書の翻訳したものから、その術を考えたようである。しかしゴローウニンは対照に必要な表を所持しなかったので、その正確度を確かめることができなかった。

ゴローウニンは日本人から聞いた興味あることとして、次のように書きとめている。

初めて林蔵に会ったとき、彼は日本人のなかでも博識にしてかつ、勇気あるものと聞いていたが、果たしてそのとおりであった。林蔵の話によるとフォストフが乱暴したとき、エトロフにおいて、その同僚とともに山にのがれ、ロシア人の打った弾丸にあたり負傷した。けれども幸いにも急所をはずれたので、間もなく回復した。そのとき一人の同僚はロシア人に捕われたから、必ず殺されただろう。林蔵は、その後政府から褒賞《ほうしょう》されたという。林蔵が誇っていうには、日本人は三艘の船でオホーツクに行ったならば、そこを微塵《みじん》に打ちくだき、フォストフ事件の報復をすると、これに対しゴローウニンが笑って、三〇艘乃至《ないし》三〇〇艘が襲ったとて、一艘も恙《つつが》なく帰ることができないと答えたら、林蔵は不快の色を表して、日本人もロシア人と戦い、勇気のおとることはないといい張った。

林蔵は日本人のなかでも自ら勇を誇って、ゴローウニンを脅《おど》そうとしたけれども、彼の空威《からい》張《ば》りはゴローウニンが笑うだけではなく、日本人たちのなかにも嘲《あざけ》るものがあった。彼は太陽の高さを測り、南北緯度を定める方法を知っているが、月および星と太陽との距離を測って東西経度を知る方法を知らない。林蔵が、その方法をゴローウニンから学ぼうとしたら、ゴローウニンは必要な経緯表と星暦の書がないし、通詞は当用を弁ずるだけで学理上の通弁は覚束《おぼつか》ないとの理由で、林蔵の要望を拒絶してしまった。これには林蔵も不快の色を示し、近いうち江戸から和蘭通詞と日本の学者が、ここにきて、ゴローウニンの学術を試みるだろう。そのときはゴローウニンも、必ず詳《つまび》らかに答弁することを余儀なくさせられるだろうといった。

右の文にいう和蘭通詞は天文方の馬場佐十郎、日本の学者は、やはり天文方の足立左内である。はじめ幕府は松前に大黒屋光太夫を派遣する予定であったが、その後、方針をかえ馬場佐十郎と足立左内を派遣することにしたのである。内々御用、すなわち隠密御用を命ずる都合があったからである。ロシア語学習を望んだ佐十郎が同時に隠密御用を命ぜられたことは、伊能忠敬記念館所蔵の高橋景保より伊能忠敬に送った書簡に、「ロシア語の稽古だけならば佐十郎一人でもよろしいが、内内御用もあるので年の若い佐十郎（二五）の外に老功の者一人を差添としてつかわしたい」（取意）という一文があるから疑う余地がない。老功のものとは足立左内（四三）をいう。

かくて佐十郎と左内の両人は文化一〇（一八一三）年一月二八日江戸を出発し、同年二月二八日新任の奉行服部備後守とともに松前に到着。ロシア語の学習につとめるとともに隠密御用にもはげみ、ゴローウニンらが官吏の前に出るとき、またはロシア文書の翻訳をするときは、常にその席に立ち会ったのである。

佐十郎と左内が、林蔵の望むような、ゴローウニンの学識を試みることをしたかどうか明らかでないけれども、毎日ゴローウニンに接し、学問の話、雑談などをした両人は、ゴローウニンの学識の程度を知ることができただろう。ゴローウニンは度数の学を得意とせず、部下の航海士フレーブニーコフがゴローウニンよりまさっていたようである。

❖林蔵とゴローウニン、不和となる

話は前に戻る。

経度測定法の問題から林蔵とゴローウニンとの感情がこじれて、ゴローウニンは林蔵を仇敵のように思い、林蔵もまたゴローウニンを快く思わなかった。ただ政治上の問題については二人とも隔意なく語りあったけれども、二人の感情のもつれはついに解けなかった。『遭厄日本紀事』によると林蔵は松前奉行に対し、ゴローウニンらが薪水食糧不足のためクナシリに寄港したと陳述したのは、ことごとく日本人を欺《あざむ》く言葉で、実にゴローウニンらはフォストフの間者（スパイ）で、日本の海浜をうかがうものだといったという。

ゴローウニンは『遭厄日本紀事』において、彼自身に都合よく、日本人を悪く、また、彼に厚意をよせた人をよく書いているので、すべてを真実として認めることはできないけれども、五年前フォストフ一隊のために苦しめられた林蔵が、ロシア人に対する警戒心をすてきれず、ゴローウニンを間者と思ったのも無理のないことである。江戸の天文方、高橋景保もゴローウニンの陳述を真実と認めず、日本の島々の形勢、海港の深浅を測るのがその目的だと『丙戌紀聞附録』に書いている。ゴローウニンの部下ムール少尉が幕府に提出した『獄中上書』によれば、ゴローウニンはロシア政府から南千島の測量だけでなく、オホーツクにいたる海路など、この地方のことをくわしく調査することを命ぜられていたから、たとえゴローウニンがフォストフの一味でなかったとしても、間者すなわち日本の海浜をうかがう任務をもっていたことは否めない。

『遭厄日本紀事』に「江戸では林蔵の説に泥《なず》み、政官だけではなく、衆人も皆ロシアを仇敵のように思っている」（取意）とあるが、江戸の幕閣はじめ衆人が、ロシアを仇敵のように思ったのは、五年前のフォストフ事件以来のことである。林蔵の説に動かされたためではない。このあたりがゴローウニンの記述の怪しいところである。

松前奉行荒尾但馬守成章は、ゴローウニンの陳述を真実と思い込んだのか、とにかくゴローウニンがフォストフの一味でないことが明らかになったので、ゴローウニンを放還するために尽力した。文化九（一八一二）年八月一四日、クナシリにおいてディアナ号副艦長リコールヅのため生け捕られた高田屋嘉兵衛が、ペトロパブロフスクにおいて越年し、翌一〇（一八一三）年五月二七日、クナシリに帰ってきて日露両国の調停をしたこともあって、江戸の幕閣も動かされた。そしてロシアから釈明書を提出することを条件に、放還する方針に改め、文化一〇（一八一三）年九月二六日、箱館においてゴローウニンら八人をディアナ号副艦長リコールドに引き渡したのである。かくて長いあいだの日露両国の紛争は、一応終わりをつげ、この後、四〇年のあいだ北海も平穏を保つことができたのである。

林蔵の蝦夷地測量——北方地理学の建設者

❖伊能忠敬の蝦夷地測量は東南岸

ゴローウニンを訪問したのちの林蔵は何をしたか。今までの林蔵伝では、ここがもっとも不明であった。しかし筆者の調べたところでは、ここが、もっともすぐれた地理学上の業績を残した時代である。

昭和一一（一九三六）年春、筆者は帝国（今の国会）図書館において林蔵作の『蝦夷全図』を見て、この図を研究し、図の成立過程を明らかにすることができたなら、埋もれた林蔵の功績を永遠に伝えることができると考え、『蝦夷全図』の研究にとりかかった。そして研究の成果を昭和一五（一九四〇）年より雑誌『伝記』に逐次発表した。それから三〇余年になる。

日本の測量といえば誰でも伊能忠敬を連想し、忠敬一人が蝦夷地（北海道）をはじめ日本全土を測量したように考えがちであるが、その実、忠敬の蝦夷地測量は太平洋に面した東南岸に限られ、その余はすべて林蔵が測量したのである。
寛政一二（一八〇〇）年四月一九日、五六歳の忠敬は門倉隼太・伊能秀蔵（のち桜井）らとともに江戸の深川を出発、五月一〇日、三厩《みんまや》（青森県）に到着し、同所から船で蝦夷地の吉岡に渡り、それから箱館、一ノ渡、森、オシャマンベ、アブタ、エトモ、ユウブツ、ホロイヅミ、クスリ（釧路）、センホウジ、アッケシ（厚岸）、アンネベツを経て根室海峡に面するニシベツにいたった。帰路も同じ道順をとり、吉岡から陸路をとおって松前に行き、三厩に渡海（九月一八日）し、一〇月二一日江戸に帰った。すなわち蝦夷地の東南岸を測量したので、できあがった地図は半欠けの蝦夷地（北海道）である。（日記）
忠敬は主として蝦夷地の海岸を歩いたのであるが、地形や道路の関係で海岸からはなれたところもある。その海岸を忠敬は「不測量」として地図に書き入れた。内閣文庫所蔵の『松前距蝦夷行程測量分図』により、不測量の箇所をあげると次のとおりである。
松前から白神崎を経て吉岡にいたる海岸、箱館から汐首崎、恵山《えさん》岬を経て森にいたる渡島《おしま》半島の東南岸、シツカリ川口からレブンゲにいたる海岸、エトモ付近の海岸、ベンベツからフレナイにいたる海岸、ホロイヅミ（幌泉）からエリモ（襟裳）岬を経てサルルにいたる海岸、コンブムイからシリバ岬を経てセンホウジにいたる海岸、アッケシ（厚岸）からヲッチシ（落石）・ノッシャム（納沙布）岬・ネモロ（根室）を経てニシベツにいたる花咲半島の海岸、フーレントウ（風蓮湖）の周囲（と、以上が数えられる）。

カラフト探検までの林蔵の測量技術は初歩であったけれども、忠敬が仕残した不測量の地ぐらいは測量し得たであろう。忠敬の図を補足すればよいのであるから、問題は松前から江差、イハナイ（岩内）、ヲタルナイ（小樽）、イシカリ（石狩）、ノッシャム（野寒布）岬を経てソウヤにいたる日本海に面した海岸、およびソウヤからエサシ（枝幸）、モンベツ（紋別）、トコロ（常呂）を経てシャリ（斜里）にいたるオホーツク海に面した海岸と内陸である。

❖林蔵が測量した蝦夷地

林蔵の蝦夷地測量の経過を示す資料は皆無にひとしい。林蔵の実測野帳《のちょう》は千葉県佐原在の津宮村久保木竹牕《ちくそう》の家に保管されてあったが、明治年代、火災と散逸のため失ったという（大谷『伊能忠敬』）。幸いにも文政四（一八二一）年六月にできた内閣文庫所蔵、伊能忠敬の『輿地実測録』の序文に「大凡、六八州の駅路、沿海、四周、島嶼にいたるまで遺漏はない。さらに間宮林蔵の測るところを取り、地図を参補し七たび裘葛《きゅうかつ》（年）をあらためて始めて成った。名づけて大日本沿海輿地全図という」とあり、その凡例に「蝦夷地方の測量は、未だ完備しない。故に今、間宮林蔵が測るところを取り、これを参補する」（原漢文、取意）とあるので、林蔵の実測部分を知ることができる。すなわち『輿地実測録』蝦夷の部のうち、忠敬が実測した部分

伊能忠敬実測の蝦夷図

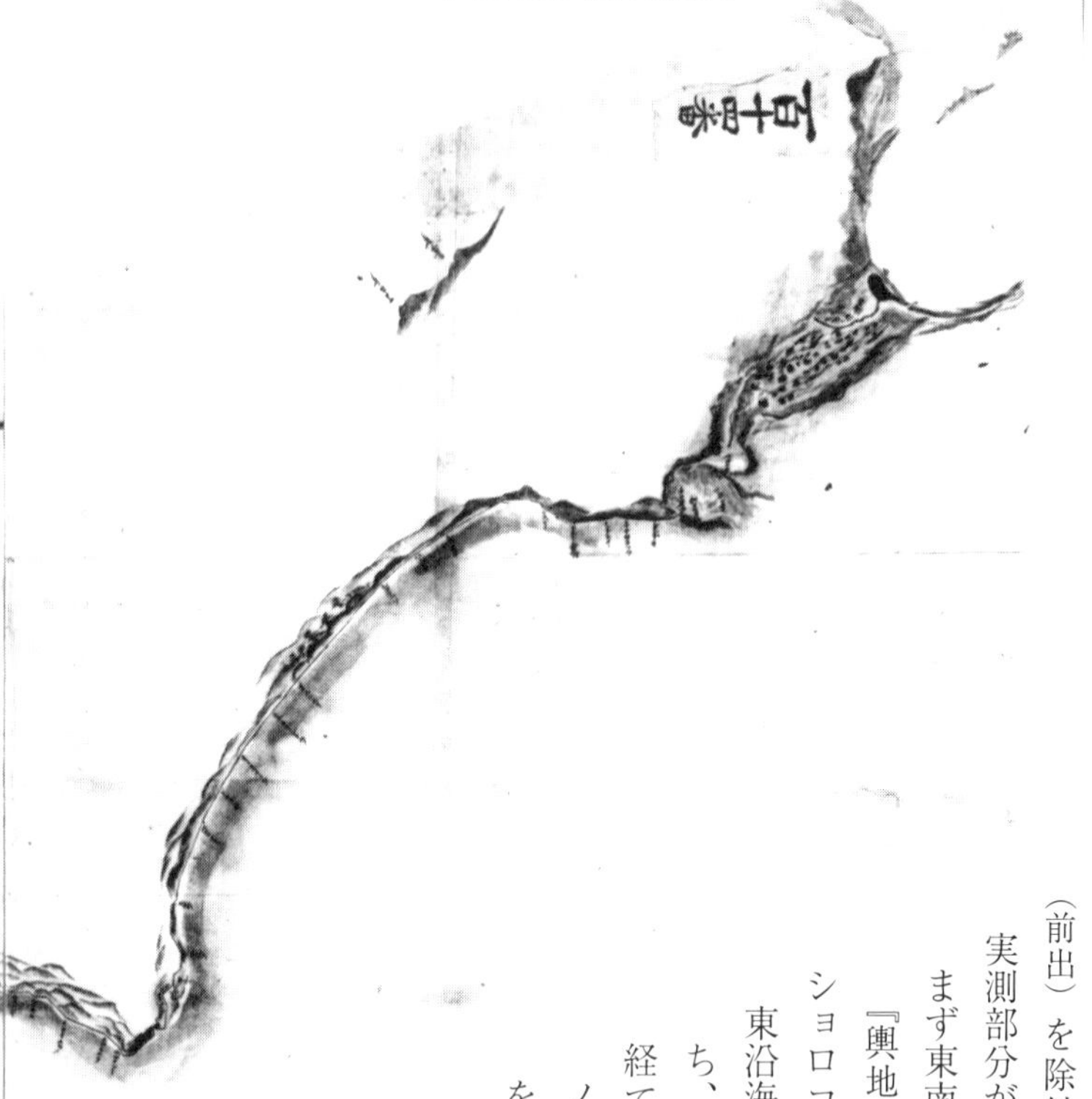

（前出）を除外すれば、取りもなおさず林蔵の実測部分が出てくるのである。

　まず東南岸から検討しよう。

『輿地実測録』記載の松前より東沿海ヲショロコツ（シレトコ岬の南岸）にいたる東沿海通計二五二里三〇町五五間半のうち、アッケシよりヲッチシ（落石）を経てイヌ・ウシにいたる間、およびノッシャム（納沙布）岬からネモロを経てニシベツにいたる花咲半島、ニシベツからチウルイを経てヲショロコツにいたる根室海峡に面した海岸は林蔵の実測地である。

　センホウジからシリバ（尻羽）岬にいたる海岸、ホロイヅミからエリモ岬にいたる海岸、エトモ付近の海岸も林蔵の実測したところだろう。

『輿地実測録』記載の松前より西沿海（日本海とオホーツク海の沿岸）ホロベツ川（オホーツク海沿岸）にいたる通計二八七里二三町四七間半は、もちろん林蔵の実測した地域である。ただしヲショロコツからホロベツ川にいたるあいだ、すなわち知床岬は林蔵のいたらなかったところで、安政五（一八

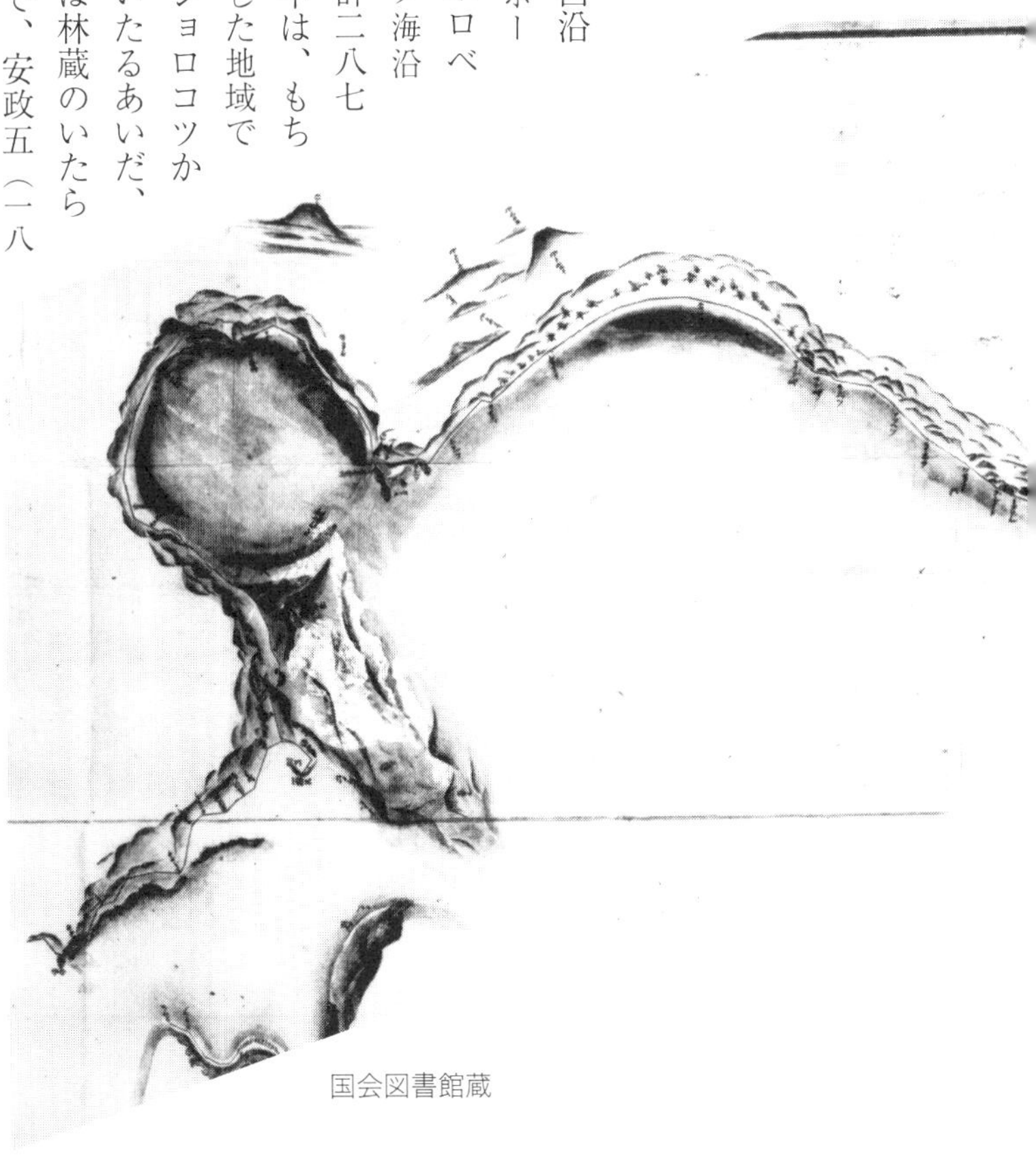

国会図書館蔵

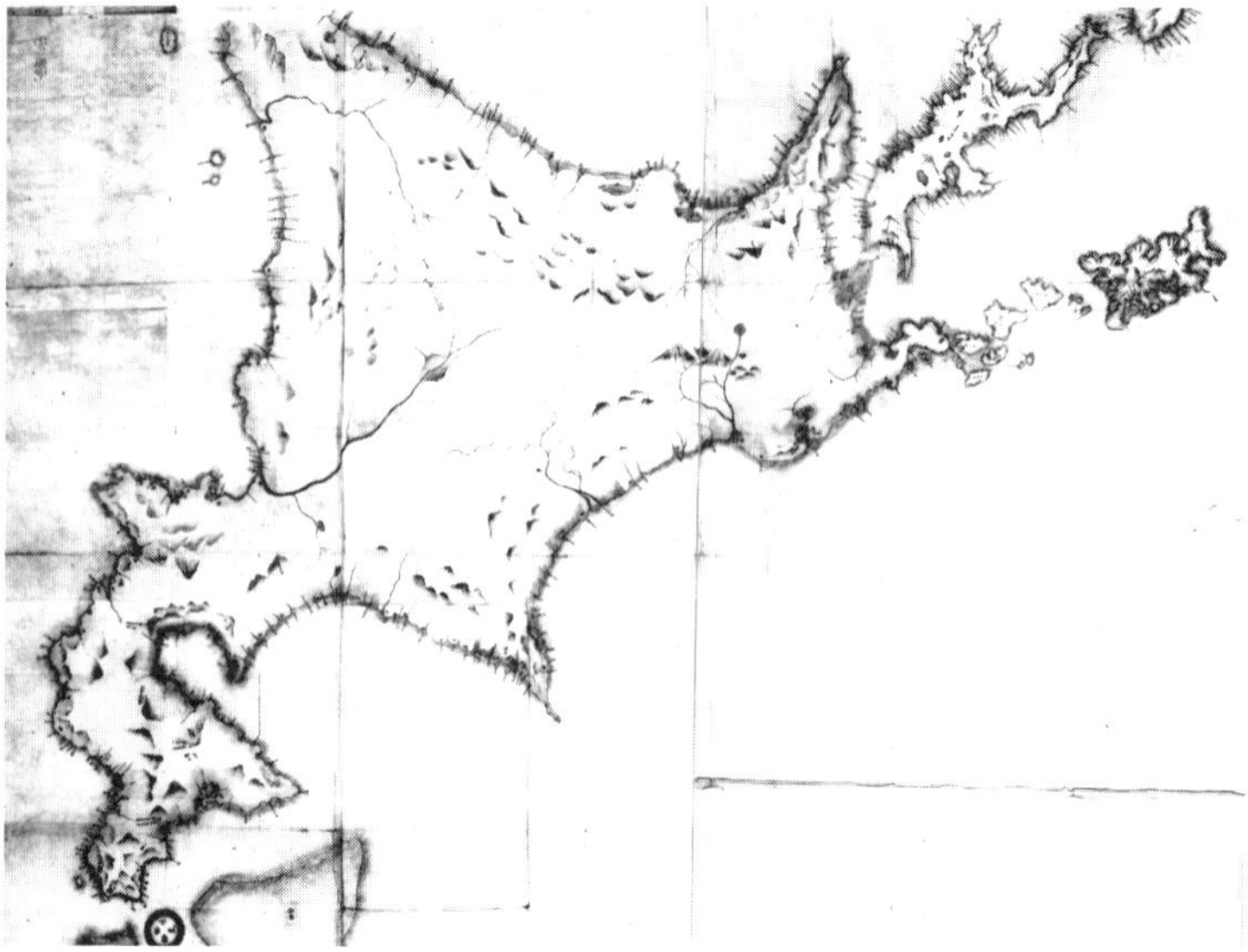

享和２年（1802）近藤重蔵の従者石川の描いた蝦夷図 国会図書館蔵

五八）年、知床岬を踏査した松浦武四郎は、その著『知床日誌』において「この岬は潮の勢いがつよく、山がたかく、崖がけわしいため土人でも、よく知るものが少なく、和人もこれを廻ったものがない」（取意）と誇っている。

『輿地実測録』に実測の島嶼として、ヤンゲシリ（焼尻）島、テウレ（天売）島、弁天島、クナシリ島の西半（前出）、カーネシトクル島、オンネイルリ島、キークツブ島、ケネボク島、モシリカ島、チケレブ島、築島が記載されてあるので、これらの島々は林蔵の実測したものと断定してまちがいあるまい。

遠測として小島、大島、ヲコシリ（奥尻）、リーシリ（利尻）、レブンシリ（礼文）、シコタン（色丹）など通計五九島が記載されてある。これによって林蔵は小島、大島、ヲコシリ、リーシリ、レブンシリ、シコタンには渡らなかったことがわかる。ただし国

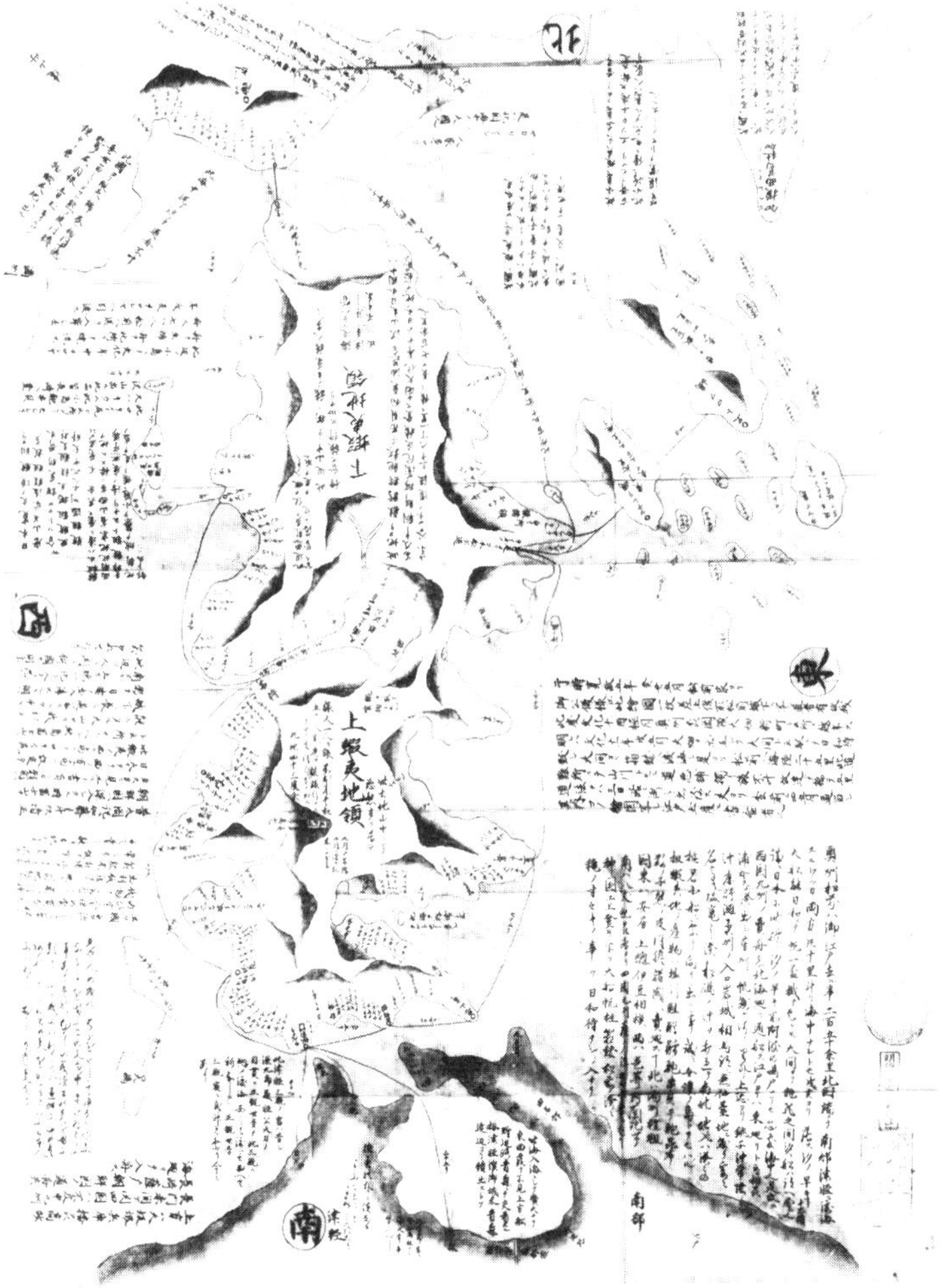

「蝦夷図」（作者不明）　林子平の『三国通覧図説』の蝦夷図によったものと思われる。国会図書館蔵

会図書館所蔵の『蝦夷全図』において、これらの島々に向かい、木蝦夷地（北海道）の各地から三角の朱線を引き、「申《さる》五分半」、「酉《とり》五分半」、「戌《いぬ》六分」（リーシリ）などと傍記してあるから、これらの島々の方位を定めるとき、厳密を心がけたことが推察せられる。

『輿地実測録』記載のオシャマンベから山を越えてクルマツナイ（黒松内）にいたる五里一五町四〇間、クルマツナイから西海岸のヲタシュツ（歌棄）にいたる三里一七町四四間、およびユウブツから千歳川、シコツ（支笏）を経て西海岸のイシカリ（石狩）にいたる三六里三二町三五間半も林蔵の踏査したところだろう。ここは当時、和人の通行したところで、国会図書館所蔵の『蝦夷全図』にも朱の点線で通路のあることを示してある。

『輿地実測録』により林蔵の実測と断定し得るところは大体以上でつきる。この実測材料を林蔵から忠敬に提供したのは文政元（一八一八）年、忠敬が死亡する以前であったろう。

箱館奉行支配下の役人の勤務は文化四（一八〇七）年まで東蝦夷地に限られていた。同様に蝦夷地在住の林蔵の勤務も文化四年までは、東蝦夷地およびクナシリ、エトロフにとどまり、西蝦夷地にはおよばなかった。従って松前から北の日本海に面した西海岸、およびオホーツク海に面した東北岸の測量は、文化九（一八一二）年以後の踏査によるものである。文化五（一八〇八）年、カラフト見分の際林蔵は西北の海岸を通行（ユウブツ越えか）したのであるが、このとき西北の海岸を測量した形跡はない。林蔵のカラフト第二回探検図（『北蝦夷地図』）においてソウヤの西のノッシャム岬と、その南が未見分地として点線で表されている。

❖林蔵、蝦夷地の内部を測量

蝦夷地は湿気が強い。天気のよいときでも地面のかわいたところに一時間ほど筵《むしろ》をしいておくと、その跡がぬれて筵の形が残っているという。そのうえ、夏の山には蚊が多い。糠《ぬか》をまきちらしたようで、食事のとき火を焚《た》かないと食べることができない。山深く入ると靄《もや》がたちこめ夏でも寒さを感じることがあるし、冬は丈《じょう》(三メートル強)余の積雪で歩行も困難である。この苦難をしのぎ野宿を重ねて測量を続けるには特殊な養生法が必要である。林蔵は測量に出かける場合、毛氈《もうせん》(前出)を肩にかけ人参《にんじん》をたずさえた。そして野宿の際には体を毛氈でつつみ人参を口にしたという。そのためか体は常に壮健で深山幽谷《しんざんゆうこく》に入り消息を絶つこと数十日におよぶこともあったが、無事に戻ることができた。はじめは従者を連れて歩いたけれども、熊の危険もあってこのような供には耐え切れず、途中から従者が帰ったこともあって、いつも単身で踏査したのである(函館図書館『四方譚』)。ただ、そのところの蝦夷人を案内として同行したようである。

東蝦夷地のシブチヤリ(染退)川をさかのぼり、ヘテウコヒから一里余上流、山がけわしく水勢のはやいところに達したら、舟を岩のあいだにはさんで、荷物も刀も流され、ようやく命拾いをしたことがある。そのとき蝦夷人を多数頼んで探したけれども、ついに刀を見つけることができなかった。その後、蝦夷人はその奥へ行くことを恐れたという。

林蔵は石狩川をさかのぼり、カムイコタンより三〇里余上流のサンゲソマナイに達し、絶壁の洞窟で一夜をすごして帰ったこともある。サンゲソマナイは大雪山のふもとで、この地にきたのは和人として林蔵が最初である。その後三〇余年の安政四（一八五七）年、松浦武四郎がこの地をおとずれるまで和人できたものはない（松浦武四郎『蝦夷日誌』）。

林蔵はまた天塩川《てしおがわ》をさかのぼり、テイネメン付近の急流をすぎてナイタイベにいたった。これも和人として最初で、松浦武四郎の『蝦夷日誌』によれば、安政四（一八五七）年、武四郎がこの地にきたのが和人として二度目であるという。武四郎は蝦夷地を踏査したとき、所々でむかし林蔵に会った、または同行したという蝦夷の男女にめぐりあった。アバシリ川の上流のカツクミにおいては、林蔵を知る一老婆に会い、「最上、近藤の殿達は同じくらいの年である。間宮林蔵は我より、よほど若い」という話を聞き、ノッケ（根室海峡沿岸）地方を踏査したときには、林蔵に同行した蝦夷人を呼びよせ、諸方、山越えの話を聞いてすこぶる益を得たという。

以上の実測結果は伊能忠敬の『輿地実測録』に収載されず、『大日本沿海輿地全図』にも採り入れられなかったから、おそらく文政元（一八一八）年から同五（一八二二）年までのあいだに踏査したものだろう。

このほか『輿地実測録』に収載されなかったものに、当時の通路がある。

東北岸（オホーツク海）のモコトからアカン（阿寒）湖の西岸シュクヲマベツを経て、東南岸（太平洋）のショロロにいたる通路。

東北岸のシャリ（斜里）からシャクビラを経てシベツ川畔のポンケネタイにいたる通路。

根室海峡に面したシベツ（標津）からクスリ（釧路）川の上流、シベツチャ（標茶）にいたる通路。

渡島半島西南岸の上湯川（箱館の東）から東南岸カツクミにいたる通路。

西海岸（日本海）のイシカリブトから石狩川をさかのぼり、トーブツにおいて陸地、ヲシラヌカを経て同じ西海岸のヌブシヤにいたる通路。

シャリ（斜里）からメコンベツを経てアカン湖の西岸シュクヲマベツにいたる通路（他は略）。

右の通路が、すべて林蔵の実測によるものとは断定できないけれども、その大半は林蔵自ら踏査したものだろう。地名が正確である。林蔵は蝦夷の各地を踏査する場合、小川、小山の些《さ》少《しょう》といえども書きとり、地名のあるところは蝦夷家一軒ももらさなかったという。林蔵は、それにもとづいて一応、一里につき三寸六分（一〇・九センチ）の割りの大図を作った。しかし、この大図は今、どうなっているのか、その所在が明らかでない（『四方譚』）。

❖林蔵自筆の傑作『蝦夷全図』

国会図書館所蔵の『蝦夷全図』は、林蔵が文化八(一八一一)年、伊能忠敬について測極量地の術を学んだのちの実測によったものであるから、カラフト第二回探検図にくらべ、その正確度において格段のちがいがある。ことに緯度はきわめて正確で、現行の図と少しも異ならない。経度において多少の誤差がみられ、芦田伊人《あしだこれと》・箭内健次《やないけんじ》の両氏が指摘せられたとおり、北緯四五度の通過する東北岸のトイマキが出っ張りすぎ、それに応じて西北岸の四五度付近が、少し東に片よっているし、北緯四二度の通過する東南岸のエリモ岬の付近も、その東岸において東にふくらみすぎている(『シーボルト研究』)。また花咲半島がやや南に垂れ、海岸の屈曲が少ない。これらは『蝦夷全図』のもつ三つの特徴である。

蝦夷地内部の記載はくわしい。林蔵自ら踏査した石狩と天塩の二大川の流れは正しく、その沿岸の地名の記載も多い。山岳地帯は緑色でいろどられ、平野は白紙のままである。河川と地名の記入は詳密で、矢印で潮流が示されてある。

これを最上徳内・村上島之允の図、近藤重蔵名義の図、その他、歪みの多い当時の図にくらべれば、その正確度と詳密度において数段のちがいがある。ことに蝦夷地内部の記載を欠くこれらの諸図と、林蔵の『蝦夷全図』とは比較にならない。まさに林蔵前半生の努力をささげた傑作で、北方地理学上新紀元を画した最新最良の図である。この故、筆者は先年林蔵を北方地理学の建設者と呼んだ次第である。

『蝦夷全図』には大小幾多の三角網の記載があるから、林蔵は三角測量法を用いたと思われる。シーボルトの著『日本』にも「彼（林蔵）は専門の三角術家で絵をよくし、地点測量の天文学的知識をもっている」（呉秀三『日本交通貿易史』）とある。緯度は六分儀を用いて定めたのであろう。『輿地実測録』に江指（江差）四一度五二分半、ホロトマリ（西北岸）四三度五一分、ヤンゲシリ（焼尻）島のシロゲシ四四度二五分（他は略）とある。

経度は師の伊能忠敬が月食などを利用した臨機の方法によって定めたといわれるから（大谷『伊能忠敬』）、林蔵もその方法を用いたと思われるけれども、主として各地間の距離と方位によって決定したのではなかろうか。『輿地実測録』の凡例に、経度一度の長さは北緯四四度においで「二〇里二分八厘五毛」であるとの記載がある。各地間の距離は、現在、茨城県の間宮家において保管する測量用の鎖を用いて測ったと思われるけれども、歩数と方位とによって定めたところが多いのではなかろうか。

『蝦夷全図』には、『輿地実測録』に記載されなかったクナシリの東半、エトロフおよびウルップがえがかれてある。いずれも当時の図にくらべ、その正確度において数段まさっている。エトロフは内閣文庫所蔵『ヱトロフ島大概図』にもとづいたのであろう。一緯度八寸四分（二二・四センチ）の縮尺の『蝦夷全図』にあわせたため、縮小されているが、その形状は全く同一であり、山岳の頂上付近を褐色でいろどったことも『ヱトロフ島大概図』とその色彩において同じである。

伊能忠敬は経線の初度を京都においたのであるが、林蔵は東都（江戸）を初度とした。これは、林蔵が天文方の拘束を受けず、独自でこの図を作ったことを示すものだろう。図上の文字、図のえがき方、いずれも林蔵の自作であることを立証する。当時、これだけ精密な図をえがき得るものは、林蔵のほかにはない。

『蝦夷全図』はいつできあがったのであろうか。林蔵は、蝦夷地の実測を未完了のまま、文政五（一八二二）年、江戸に帰ったので、製図はその後でなければならぬ。しかも文政九（一八二六）年、蘭医シーボルト（ドイツ人）の江戸参府の際、四月一日、天文方兼書物奉行の高橋景保がシーボルトに『蝦夷全図』を見せている。よって筆者は、この『蝦夷全図』の作製年次を文政五年から同九年までのあいだと推定したい。『蝦夷全図』の余白に「此図を此侭《まま》に写取遣《つかわし》候儀に御座候」という付箋《ふせん》がある。文政九（一八二六）年、高橋景保がシーボルトに贈った『蝦夷全図』は、この図の写しである。すなわちこの『蝦夷全図』はシーボルト事件の遺品である。文政一一（一八二八）年一〇月一〇日、景保が捕縛されたとき、景保の屋敷から没収されたものに相違ない。

内閣文庫所蔵の『蝦夷全図』は蝦夷地内部の記載がなく、その海岸線は『輿地実測録』の記事と一致する。クナシリは西半だけが朱の実線でえがかれて実測地であることが示され、東半は未測量地であることを表すため、朱の実線がない。しかし前記の林蔵自筆の『蝦夷全図』がもつ三つの特徴、すなわちトイマキ岬の出っ張り、エリモ岬付近の東岸のふくらみ、花咲半島の歪みが修正されている。実測ずみの海岸が朱でえがかれているところを見ると、この『蝦夷全図』は天文方で作ったものだろう。先年、筆者は渋川景佑《しぶかわかげすけ》（景保の弟）の著『実測蝦夷地経緯度』により、景佑が忠敬と林蔵との実測材料にもとづき、その後入手した資料を参考にして修正を加え作ったものと推定した次第である。

❖幕府、蝦夷地の経営を廃止

話は前に戻る。

文化九（一八一二）年、林蔵は伊能忠敬から学んだ高等の測量術を用いて、蝦夷地の実測にとりかかった。林蔵の目的は蝦夷地の測量であったのだから、おそらく松前から北の西海岸（日本海）であったろうけれども、これは疑問である。林蔵はどうしたわけか、その秋江戸に帰った。文化九年初春の蝦夷地下向は林蔵の心入れによるものであったから、自由な行動をとることができたのだろう。先年、筆者は故皆川新作氏の示教により閲読した二本松藩士渡辺治右衛門の書簡により、文化九年の秋帰府し、翌年（一八一三）の秋松前に下向したと推定した（『伝記』一〇巻三号）のであるが、これは誤りで九年の秋またまた松前に下ったのである。国会図書館所蔵の『東奥辺陬《すう》遺《い》事』によれば、文化九（一八一二）年九月一九日、蝦夷地勤務を命ぜられた松前奉行支配吟味役の柑本《こうじもと》兵五郎は、調役下役石坂武兵衛、その子省、調役下役格、間宮林蔵らとともに、九月二九日江戸を出発した。このとき林蔵が二本松藩士渡辺治右衛門を訪問したことは治右衛門の書簡によって推察し得られる。

一〇月二三日三厩に着き、順風を待って一一月八日出船し、松前に向かって進んだところ、折あしく風筋が変わり、吉岡に着船した。翌朝、吉岡を出発し吉岡峠を越えて、その日の夕方七つ（午後四時）ごろ松前に到着した。雪中のこと故、吉岡峠を越えるときには吐く息が防寒用の頭巾《ずきん》（どもこも）にかかり、それが凍ってカラカラと鳴った。しかるに松前は快晴であったという。

それからの林蔵は蝦夷地の実測におわれ、文化一〇（一八一三）年、一一（一八一四）年と引き続いて蝦夷地に勤務していた。文化一一年九月二五日、江戸の伊能忠敬から蝦夷地在勤の林蔵に手紙を送っている。

文化一二年（一八一五）、一三（一八一六）年も蝦夷地において測量していたらしく、文化一三年ごろのものと思われる伊能忠敬の書簡の草案に、「間宮林蔵も今もって蝦夷地にいる。年来の門人だけれども、偏人《へんじん》にて文通もない」（取意）の一句がある（大谷『伊能忠敬』）。林蔵は一三年八月一七日、アッケシ（厚岸）に止宿していたという。

文化一四（一八一七）年の秋には江戸に帰っていたのであろう。同年一〇月二六日の忠敬の書簡で佐原の妙薫《みょうくん》（忠敬の子）にあてたものに「玉子六五たしかに落手した。間宮林蔵より三五ずつ、再度に七〇貰《もら》ったから、玉子は十分になった」（取意、大谷『伊能忠敬』）の一句がある。林蔵が忠敬と相変わらず親戚のような関係を持ち続けていたことはこれによって知られるし、翌文政《ぶんせい》元（一八一八）年四月一三日、忠敬が永眠したときには、林蔵も忠敬の口に水をふくませたと伝えられる。林蔵が忠敬に実測材料を提供したのは、文化一四年一〇月であろうか。ただし、明らかでない。

林蔵がまたまた蝦夷地に下ったのは忠敬の死後だろう。それまでの林蔵の測量は主として海岸であったが、これから以後、内部の踏査に力をそそいだと思われる。林蔵は、その後も、一、二回は蝦夷地と江戸のあいだを往来したらしく、谷沢尚一氏の示教により知り得た『南部風説書』には、「文政四（一八二一）年（?）五月一六日、公儀御役人、間宮林蔵が、小湊泊、野辺地泊にて駕籠《かご》で通行した」（取意）という記載がある。

文政四年一二月七日、幕府は突然蝦夷地経営を廃止し、全蝦夷地を松前家に返してしまった。この廃止は松前奉行の高橋越前守（三平）も前日まで知らなかったという。奥州の梁川《やながわ》に移された松前家が財政に苦しみ、復領をはかって一橋治済《はるさだ》（穆翁《ぼくおう》、将軍家斉の父）に運動したからであるという。このため翌五年になって奉行、高橋越前守はじめ支配下の役人が、蝦夷地をはなれ江戸に帰ってきた。林蔵も、拠《よんどころ》なく測量を未完了のまま蝦夷地を去って江戸に帰ると、老中水野出羽守の沙汰により勘定奉行遠山左衛門尉（金四郎）景晋《かげくに》から普請役を命ぜられる旨を申し渡された。

当時、林蔵を知るものは、林蔵の蝦夷地内部の測量が完了しなかったことを惜しんだという。

III

晩年時代

林蔵、海岸異国船掛となる

❖イギリス人が常陸の大津浜に上陸

林蔵は勘定奉行支配下の普請役とはいえ、一生無役の恩典によくしていたので、その後、しばらくのあいだこれといった仕事もなかったらしく、彼に関する記録がない。ところがまたもや林蔵の出番を必要とする事件がおきた。

文政七（一八二四）年五月二八日、イギリスの捕鯨船《ほげいせん》二艘が常陸（茨城県）の大津浜の沖に現れ、端艇二艘に一二人乗りこんで大津浜に上陸した。彼らは剣四、鎗四、鉄砲四挺をたずさえている。大津浜は水戸藩の家老、中山備前守の知行所なので、とりあえず中山の配下がイギリス人を抑留して警固にあたり、これを早打で水戸に通報した。五月二九日から翌月二日までのあいだに御先手物頭、矢野九郎右衛門、目付、近藤義太夫、筆談役、会沢恒蔵《つねぞう》（正志斎《せいしさい》）はじめ多数の水戸藩士が警固のため派遣された。水戸藩はまたこれを江戸の幕府に報告したので、幕府から代官、古山善吉・普請役元締格、河久保忠八郎・普請役、間宮林蔵・通詞として天文方出仕の吉雄《よしお》忠次郎・足立左内が出張を命ぜられ、六月九日大津浜に到着した。

さっそくイギリス人たちの尋問にとりかかった結果、船内の肉類が尽きたので豚肉をほしがっていること、乗組員の頭分のものが病気であること、彼らが鉄砲をたずさえて上陸したのは、どこの島なりとも上陸して猪や鹿の類を打ちとめ、食物にするためであること、彼らの本国はイギリスで今年の二月に僚船三〇艘とともに出帆したことが判明した。この尋問中は幕府の役人以外は人払いで、水戸藩からはわずかに徒目付《かちめつけ》と、その下役だけが同席したという。六月一〇日に梅・あんず・りんご・びわ・酒・大根・小桶《こおけ》に二はいの飯・薩摩芋・鶏一〇羽をイギリス人たちに与えて一一日捕鯨船に帰すと、沖の捕鯨船は間もなく大津浜の沖を去った。

❖イギリス人、薩摩領の宝島をあらす。幕府、異国船打払令を発布

この捕鯨船のうち一艘は、同年七月八日薩摩領の宝島の沖に現れ、端艇に七人乗りこんで上陸した。番所の役人が応接したけれども、言語も文字も通じない。彼らは何ごともせずその日は沖の本船に引きあげた。翌九日、端艇二艘に乗りこんで上陸し、手まねで牛をほしいという。けれども牛を与えることはできないと手まねで答え、野菜をわたすと、それをもって本船に戻った。彼らの言葉のうちイギリスということだけが聞きとれたという。それからまた多人数

で上陸し、ほうぼうを徘徊《はいかい》したのち海岸につないであった牛を一頭射殺し、二頭を奪い、番所へ鉄砲を打ちかけ、本船からも大砲を発射して掩護《えんご》した。そこで薩摩藩士、吉村九助が鉄砲でイギリス人一人を射殺すると、その他のイギリス人は本船に引きあげ、一一日、宝島の沖を去った。

ここにおいて幕府の天文方兼書物奉行の高橋景保は異国船の打ち払いを幕府に建議し、老中、大久保加賀守忠真《ただざね》が景保の建議を採用し、文政八（一八二五）年二月一九日、無二念打払令《むにねんうちはらいれい》を布告した。これが有名な文政の異国船打払（打壊）令である。

❖林蔵、本州の東海岸を巡視

さて文政七年六月一一日、大津浜の一件が片づくと同月中に林蔵は内密御用を命ぜられ、江戸を出発、本州東海岸の巡視をすることとなった。幕府は林蔵を海防に専念させるためか、同年八月、巡視中の林蔵に安房上総御備場掛手附という職名を与えた。かくて林蔵は一年余にわたり、銚子から奥州の江名浜までのあいだを往返したのである。林蔵が幕府の隠密《おんみつ》として海岸を巡視したのは、これが最初である。

❖林蔵の隠密御用は海防

国会図書館所蔵の『敬斎叢書《けいさいそうしょ》』に「異国船渡来に付、廻船幷漁業之人気不穏風聞有之候に付、右船相近候様取計方御内慮奉伺候書付」という、林蔵から遠山左衛門尉を経て老中の大久保忠真に提出した文書がおさめられている。これは森銑三先生の『学芸史上の人々』および『森銑三著作集』、第五巻にも収載されている。今、その大要を現代文に改めると次のとおりである。

文政三（一八二〇）年以来、異国（イギリス）船の渡来が次第に多くなった。もっぱら捕鯨を業とし余《よ》ほどの利潤をあげているようすである。彼らの習俗で平和のときにも兵器をたずさえているので、日本人に対し手荒なことをする。そのため当方の廻船ならびに漁業の人びとが不安におびえている。よって林蔵が漁師の体となり、異国船に近づいて船中のようすをとくと探り、向後《きょうこう》、渡来しないようにしたい。互いに怨敵《おんてき》とならぬように取り計らい、海上をおだやかにしたい。この取り計らい方は国法にふれることであるけれども、捨てておくわけには参らぬから、何卒《なにとぞ》、隠密に仰せ付けられたい。

この文書が提出されたのは文政九（一八二六）年八月である。このとき老中の大久保忠真が林蔵の出願を許可したかどうか明らかでないけれども、『敬斎叢書』に「書面の義は取り計らいがたい旨、仰せ付けられた」とあるから、老中といえども林蔵が単身で異国船に近づくことは国法上、許可し得なかったのだろう。

しかし異国（イギリス）船の渡来は、幕府にとって厄介《やっかい》な問題である。外国船打払令の発布後も、異国船は日本の近海にきて日本船に近づき、その乗組員が日本船に乗り移り、帆綱《ほづな》を切り、魚・米・道具などを奪うという乱暴をはたらいたからである。幕府としてもこれを放置することはできない。そこで幕府は林蔵を海岸異国船掛（外国方ともいう）という職名で、海防関係の仕事を担当させたのである。文政九（一八二六）年一〇月のことであったのではなかろうか。

これより林蔵は海防関係の隠密御用をつとめ、諸地方の海岸を巡視するのである。蘭学者の小関三英《こぜきさんえい》が、その兄仁一郎にあてた書簡にも「間宮、年々、日本国海辺をカクシ目付（隠密）となって廻った」とある（山川章太郎『小関三英とその書簡』）。

現代の人びとは、海防関係の仕事なのに、なぜ林蔵は隠密として海岸を巡視しなければならなかったのか、不審に思うであろう。徳川時代、幕府の役人が公用を帯びて地方に出張する場合には、身分の高下に論なく先触《さきぶれ》を出した。その御用道中は、すこぶる威張《いば》ったもので、大名でさえ道を避けたくらいである。宿《しゅく》役人は羽織をき、袴《はかま》をはいて宿はずれまで出迎えた。宿役人は、あらかじめ相応の家を小休所として定めておき、宿役人がその小休所に案内し、厚くもてなしたのである。また問屋場でも、先触のとおり人馬を用意して不都合のないように手配した（福地源一郎『懐往事談』）。しかし、それは表面だけのことで、内心では迷惑に思い、片時もはやく追いだすことを心がけたという。国のためとはいえ、これでは海岸の実状をありのままに査察することができない。どうしても幕臣という身分をかくし、隠密に行動しなければならなかったのである。

❖林蔵は隠密に転落しなかった

今まで林蔵を伝えた人びとは、林蔵が幕府の隠密御用をつとめたのを評して、転落したという。何を規準にしてこのような判断をしたのか、筆者にはよくわからぬが、もし普請役の林蔵が隠密という地位に左遷させられたと考えるならば、それは誤りである。林蔵は隠密御用をつとめても、その職名は依然として普請役であり、俸禄もけずられなかったからである。

一体、隠密は幕臣としての地位でもなければ職名でもない。臨時の御用で林蔵より地位の高い人も隠密御用をつとめたのである。たとえば林蔵の上司である村垣淡路守定行《むらがきあわじのかみさだゆき》は、御庭番《おにわばん》の出身で隠密御用をつとめ、次第に昇進して松前奉行・勘定奉行になったし、箱館奉行支配調役並の深山宇平太《うへいた》も隠密御用をつとめたことがある。当時、幕臣に隠密御用を命ずる場合は、平生、勤務成績がよく、素行も正しい優秀な人物を選んだのである。隠密は上司の監督が届かぬところに出張する仕事だし、遠国に出張し、任務を果たして帰れば相応に昇進するからである。

誰でも命ぜられる御用ではない。林蔵が隠密御用を望んだのは、前記のような、やむにやまれぬ憂国の熱情からである。地位の昇進を望んだためではない。

函館図書館所蔵の山崎半蔵の日記に、林蔵が海岸異国船掛を命ぜられた事情がくわしく記載されている。それによると林蔵は生涯無役を申し渡されたが、外国船の取り扱いにつき、時折役所へ呼び出される。先ごろの挨拶《あいさつ》では、その方（林蔵）、役所につとめていれば、既に御用弁（当時は、四〇余歳になれば現役から退き隠居するのが普通）である。しかし無役を申し渡されたからには改めて出役を仰せつけられる筋はない。よって、こちら（勘定奉行）から願うといって海岸異国船掛を命ぜられた。断《ことわ》りようもないので勤めているという。

海岸異国船掛といえば外国の事情を知り、日本の地理はもちろん、世界の地理をも学んだ人で、しかも憂国の士でなければならぬ。このような人物は幕臣のなかでも稀《まれ》であった。そこで勘定奉行は異国船問題の相談相手として林蔵を選んだのである。しかし、このような国事に関することは勘定奉行の専決にまかせられるはずはない。奉行のうえに老中（今の総理大臣）の大久保加賀守忠真がいたことを見のがすことはできない。

忠真は常に欧州の勢力が日本にせまるのを慨《なげ》き、「昔は東北の海路が未《いま》だひらかなかった。故に外夷の患《うれえ》は長崎にあった。方今《ほうこん》（まさにいま）、蝦夷はロシアと隣りあわせになっている。すなわち今の患は松前であって、長崎ではないといったという」（藤田東湖『回天詩史』）。

この忠真が北方通の林蔵に目をかけるのは当然である。先に忠真は国法上やむを得ず林蔵の出願を許さなかったとはいえ、国を憂える気持ちは林蔵と同じである。林蔵の憂国の熱情を認め勘定奉行を通して、または勘定奉行の諒解のもとに海防関係の仕事を林蔵に担当させたのであろう。林蔵もまた忠真の知遇に感じ粉骨砕心したのである。天保八《てんぽう》（一八三七）年三月九日、忠真が逝去するや、林蔵は水戸藩の藤田東湖《ふじたとうこ》に「小田原侯、往く。我輩また力を致すべきようがない」（『回天詩史』）と語っている。

現代の人びとのなかには、シーボルト事件発覚の糸口をつくったため、林蔵は世人の反感を買い、隠密におとされたのだという。この説が途方もないデタラメであることは、既述のとおり、シーボルト事件が発覚する四年も前から、林蔵は隠密として海岸を巡視していたことに照して明らかである。

シーボルト事件

❖シーボルトの江戸参府

文政九（一八二六）年三月四日、長崎出島の和蘭商館長（甲必丹《かぴたん》）スチューレル、医師シーボルト（ドイツ人、三〇歳）、書記ビュルゲル、長崎奉行所属の検使・通詞・小者・料理人など総勢五〇余人が江戸に到着し、日本橋本石町《ほんこくちょう》の指定旅館、長崎屋に滞在することとなった。五年に一回の割合で、和蘭産の品々を和蘭商館長から幕府に献納する定めであったからである（呉秀三訳『シーボルト江戸参府紀行』）。

このとき江戸の蘭学者、蘭学ずきの大名・医師、幕府の天文方役人などが蘭人を訪問した。これは蘭人の江戸参府のとき毎度くりかえされたので、このときに限ったことではない。その訪問者のなかに幕府の天文方兼書物奉行（文化一一年、書物奉行兼務）の高橋景保と天文方出仕の蘭通詞、吉雄忠次郎がいた。この二人は幕府から特に隠密御用を命ぜられていた。和蘭商館長一行の江戸滞在中は、その旅館に幕府の隠密が入りこんでいたのであるが、文政九（一八二六）年の滞在中は景保と忠次郎の二人が隠密御用を帯びて長崎屋に出入りしていたのである（国会図書館『御仕置例類集』、樋口秀雄『江戸の犯科帳』、呉秀三訳『シーボルト江戸参府紀行』）。

❖高橋景保とシーボルト

このとき隠密御用を果たすため、景保は人まぜもせずシーボルトと密談した。かねてシーボルトにはロシア人という疑いがかかっていたので、シーボルトの素姓《すじょう》を糾明《きゅうめい》するのが景保の任務である。景保の蘭語は怪しいものだが、シーボルトがかなりに日本語をあやつるので、もてなしのためにシーボルトが出した和蘭の酒をくみかわしながら、互いに意思を通ずることができた。二人は雑談から学問上のことに話を進めた。そしてシーボルトは長崎から江戸にくる途中、関門海峡を通航の際ビュルゲルとともに遠測して作った同地の地図を景保に見せた。海岸を踏査せず、船にいて望見しただけであるから、その図が不正確であることは申すまでもない。そこで景保がこの図はよろしくないというや、シーボルトはよい図があったら見たいという。景保はこれを承諾して、その日は長崎屋を辞去した。何日のことか明らかでないけれども、前後の事情から推して三月一二日のことだろう（『御仕置例類集』、呉秀三『シーボルト先生』所収『中山家文書』）。

シーボルトのさそいにつられた景保は、四月一日再度訪問の際、まず間宮林蔵実測の『カラフト第二回探検図』と『蝦夷全図』（林蔵の作であることを秘す）をシーボルトに見せ、さらにその次の訪問（四月九日）の際には、伊能忠敬実測の『日本図』（忠敬の作であることを秘す）をも見せた。関門海峡の図を見せたのは何日か、シーボルトの『江戸参府紀行』にはその記載を欠くのであるが、呉秀三『シーボルト先生』所収の『中山家文書』により、景保の第三回訪問、すなわち四月九日と推定したい。

景保は林蔵と忠敬の実測図を見せたとき、シーボルトにこれらの図を贈ると約束した。シーボルトから地図をくれれば景保の望む品を贈ると誘惑されたからである。当時地図は禁制品で、これを外国人に渡すことは厳しく禁じられていた。従って地図を外国人に渡したことが露顕《ろけん》すれば厳刑に処せられる。このくらいのことは市井の庶民といえども知っていた。まして幕府の天文方兼書物奉行で地図保管の最高責任者である景保が知らぬはずはない。しかし宣伝屋の景保はあえてこの禁を破ったのである。「面目の仕合《しあわせ》」（『中山家文書』）をつかもうというシーボルトの誘いに乗ったからである。後日発覚して景保はじめ多数の日本人が罰せられたシーボルト事件の種子は、このときにまかれたのである（呉秀三『シーボルト先生』所収『中山家文書』）。

さて和蘭品の献納、将軍との謁見《えっけん》をすませた商館長スチューレルはシーボルト・ビュルゲルらとともに四月一二日、江戸を出発し六月三日、長崎に帰着した（呉秀三訳『江戸参府紀行』）。

❖高橋景保、日本の地図（官物）をシーボルトに贈る

ところで林蔵の『蝦夷全図』と忠敬の『日本図』は、未公表のまま官庫に蔵せられ、掛の役人以外は日本人といえども、容易に見ることのできぬものであった。原図のほかに余分なものはない。そこで景保は長官の特権をふり回し、聖堂御用（公用）といつわって配下の人びとに謄写図《とうしゃず》の作製を命じた。つまり官の費用で写しを作らせたのである。その図の大きさは林蔵実測の『蝦夷全図』（一緯度八寸四分の縮尺）だけでも約畳一枚半、忠敬の『日本図』にいたっては二間（三・六メートル）四方、しかも国々（日本）の形勢、城廓《じょうかく》の図などを精細に記入したのだから（『甲子夜話《かっしやわ》続篇』）、その作製は長期を要したのであろうし、費用も多額にのぼったに相違ない。写しとはいえ官物である。これらの地図を景保は奉行便すなわち公用として長崎出島のシーボルトに送り、その代償として沢山の和蘭の品を受けとった。呉秀三『シーボルト先生』所収の『中山家文書』およびその他により景保が受けとった品々を次に列記しよう。

一、クルーゼンシュテルン著『世界回航記』（『奉使日本紀行』）四冊、シーボルトの江戸滞在中受けとる。

一、蘭領東印度《インド》の地図一一枚、うち九枚はシーボルトの江戸滞在中受けとる。残りの二枚はシーボルトが長崎に帰ってから贈られた。

一、ジョオガラヒイ（世界地理書）六冊、シーボルトの江戸滞在中受けとる。
一、金サナダ（金の飾《かざり》のある紐《ひも》）、シーボルトの江戸滞在中受けとる。
シーボルトが長崎に帰ってから江戸の景保に贈った品々は次のとおりである。
一、マレイ辞書、一冊
一、プラネタリウム
一、バロメーテル
一、イギリスの本、蝦夷記事
一、カランス（引提台《ひきさげだい》つきの銘酒器）
一、コップ六
一、菓子入
一、地平経儀
一、硝子器、小間物
一、サーベルバンド、ゲスプ（胴締金）
右のほか上等なクロノメートル（正確な時計）をシーボルトが帰国の際ジャワのバタビヤ（今のジャカルタ）から送り、欧州に帰ってからも景保の望む品を送る約束。

右の品々のうち、プラネタリウム・バロメーテル・地平経儀などは学問のために受けとった

とも考えられるが、カランス・コップ・菓子入・小間物などは、お世辞にも学問のためという
ことはできない。景保が妾《めかけ》の機嫌《きげん》をとるために受けとったものだろう。景保には年のわかい妾
がいた。この妾は景保の部下、下河辺《しもこうべ》林右衛門の子である。文政一一（一八二八）年、林右衛
門は五一歳であったから、その子の年齢は三〇にならなかったに相違ない。中年男の景保（一
八二八年、四四歳）とは十余歳の差があったはずである。人にすかれぬ容貌の景保（斎藤阿具訳
『ヅーフ日本回想録』）が妾の機嫌をとるためには妾の望むものを与えねばならなかったのであ
る。

今まで景保を伝えた人びとは、景保がシーボルトに地図を贈ったのは、シーボルト所持のク
ルーゼンシュテルン著『世界回航記』（『奉使日本紀行』）をシーボルトから譲り受けるためで私
欲は毫《ごう》もなかったと断定した。この説は景保に対する幕府の判決文に「右書籍（『世界回航記』）
の交易を申し入れたところ、シーボルトは日本ならびに蝦夷地の図があったら取り替えたいと
申した」（取意）とあるのによったのであろうが、これは景保の幕府当局に対するいいのがれ
かまたは記憶ちがいである。

第一、シーボルトの江戸滞在中、彼はクルーゼンシュテルンの『世界回航記』をご丁寧にも
吉雄忠次郎に託して景保の自宅に届けてしまった（『中山家文書』呉秀三『シーボルト先生』所
収）。

第二、シーボルトは林蔵と忠敬の実測図が景保の主管する役所にあることを知らなかった。ゆえに景保が林蔵と忠敬の図をシーボルトに見せなかったならば、シーボルトは知らずじまいであったろう。

第三、国会図書館所蔵『御仕置例類集』所収の「筒井伊賀守伺書」に、

異国船渡来のことにつき、これまで、おいおい仰せ出されているように要害の手当などもある時節であるから、日本地図を彼地のものが所持しているのを見たならば、さっそく言上し右地図（クルーゼンシュテルンの『世界回航記』には、日本の地図—カラフトも—がある）の取り上げ方を第一に存じ……（取意）

とある。

景保が正規の手続きをとって幕府に意見を具申したなら、幕府は景保の希望を容れ、強権を行使してでもシーボルトからクルーゼンシュテルンの『世界回航記』を譲り受けただろう。ことに当時は蘭学ずきの若年寄、堀田摂津守（天保三年六月一八日死去、七八歳）が健在だったのである。若年寄支配の天文方から上申すればどうどうと入手できたはずだし、景保ならばこのくらいのことは実行し得ただろう。「珍書取失うのも残念と存じ」（取意、判決文）などと、景保一人がおもいわずらい、国禁の地図をシーボルトに渡す必要など毫《ごう》もなかったのである。森銑三先生の示教により閲読した日比谷図書館の山崎美成の『夜談録』に「高橋は欲のふかい性

質で財のため」とあるように、景保が地図（官物）をシーボルトに贈ったのは、シーボルトから彼の望む品を無償で入手し得ること、および地図を景保の名義でシーボルトに売りこむ野心があったからである。彼は『蝦夷全図』および、『日本図』が林蔵と忠敬の実測によるものであることを秘してシーボルトに贈り、そして景保の名義でシーボルトが欧州において出版することを確約させている。他人の労作を景保の名義で利用することは、景保のもっとも得意とするところであった。

シーボルトは景保との約束をまもったのか、帰国後の著作『日本』に林蔵の『蝦夷全図』の謄写図を収載しながら、その標題を「江戸の宮廷天文学者、高橋作左衛門（景保）の原図による」とした。もっともその説明文には「大部分、間宮林蔵の作」（呉秀三訳文・吉雄忠次郎からきいたか）という一句を加えたけれども、標題だけを読む人は高橋作左衛門、すなわち景保の実測図と思うだろう。

忠敬の『日本図』も、その著書に収載しながら、シーボルトは彼の著書中、忠敬の名をどこにも記載せず、かえって図の説明文に「江戸の宮廷天文学者、高橋作左衛門の原図の忠実な複写」、「高橋作左衛門の図」（『日本および近傍属島図史』）などと、やたらに景保の名を書きいれたのである。日本人ならば日本の地図、すなわち伊能忠敬の測量図であることを知っている。しかしこの事実を知らない外国人は、『日本図』が伊能忠敬の作ではなく、高橋作左衛門（景保）の手になったものと思うだろう。

❖シーボルト、林蔵に小包を送る

公用の名目の下に景保とシーボルトとのあいだに行われた物品のやりとりは、約二年間支障なく続けられた。しかるに文政一一（一八二八）年にいたってついに発覚した。以下、『甲子夜話続篇』、国会図書館所蔵『御仕置例類集』、『楓軒年録《ふうけん》』、内閣文庫所蔵『通航一覧続輯《ぞくしゅう》』『文政雑記』、呉秀三『シーボルト先生』および同書所収『中山家文書』、呉茂一氏所蔵『高橋一件』、国会図書館所蔵『高橋一件』、呉秀三訳『江戸参府紀行』、板沢武雄『シーボルト』、樋口秀雄『江戸の犯科帳』、その他を参照しつつ筆を進めよう。

文政一一（一八二八）年二月一五日、長崎のシーボルトから発送された小包が三月二八日、江戸の高橋景保宅に到着した。そのなかに間宮林蔵あての小包があった。景保からそれを林蔵に届けると、林蔵は小包を開かず、包とともに勘定奉行村垣淡路守定行に申しでた。奉行はその包を直ちに幕府当局にさしだした（呉秀三『シーボルト先生』）。これは外国人と文書の往復、物品の贈答をする場合、幕府の許可を受けねばならなかったからである。現代の人びとが税関の検査を受けるのと同じで、うしろ暗いことがなければ、誰でもこの手続きをとった。林蔵一人に限られたことではない。現に高橋景保も文政五（一八二二）年、馬場佐十郎が江戸参府中の和蘭商館長ブロンホフからゴローウニンの『遭厄日本紀事』を借り、景保と相談して配下の人びとに写しとらせた（佐十郎もその一人）ときには、幕府当局に届け、その許可を受けている。いわば正規の手続きである。従って当時の人びとは、これを恥ずべきこととまたは非難すべきこととせず、かえって幕府に届けないのを、うしろ暗いことと恐れたのである。極刑に処せられるからである。

ところで包を開くと、中に更紗《さらさ》一反と書状一通があった。書状は横文字のため読むものがない。そこで蘭学者が立ち会いのうえで読んだところ、林蔵をことのほかほめあげ、爾来《じらい》（今後）懇親を結びたいとの文面であった（『高橋一件』、呉秀三『シーボルト先生』）。

一方、景保はなぜか幕府当局に届けなかった。届けることのできないうしろ暗いことがあったからである。届けをおこたればどのような結果（密貿易）をまねくか、景保自身知っていたはずであるし、小包を渡された林蔵が幕府に申しでることも推察できたはずである。当然のことながら景保に疑いがかかり、爾来、目付・小人目付・徒目付《かち》・御庭番などがひそかに探索を続けたという（『高橋一件』（呉秀三『シーボルト先生』）。

幕府に申しでたのは林蔵だけではなかった。景保の配下の一画工は、景保に恨みをふくむことがあって密訴したという。『日本図』作製に従事した人びとのなかには、景保とシーボルトとの関係をうすうす感ずいていて、長官の特権をふり回し、シーボルトからの贈りものは景保一人が受けとり、部下には何の謝物も与えなかった景保の傲慢《ごうまん》と狡猾《こうかつ》（ずるさ）に対し、反感を持つものもいただろう。人を侮辱して得意になり、人の労にむくいることを知らぬ景保の性格について、伊能忠敬はつねづね心配していたという（『幸田露伴日記』・森銑三先生教示）。

今まで景保を伝えた人びとは、景保と林蔵とは不和であったと記述した。これは小宮山楓軒《ふうけん》の『楓軒年録』に「高橋、元来、間宮へは不和」とあるのによったものであろうが、筆者はこの説に対し疑問を持つ。第一、景保と林蔵とが不和ならば、林蔵あての小包を景保から林蔵に届けず、シーボルトに送り返したであろう。不和の林蔵に小包を届けるほどの親切心または宏量を、景保は持ちあわせていなかった。親の七光りで天文方になった景保は感情をおさえることができず、好悪の念をむき出しにする性格であった。景保は部下の妻を妾にしたこともある（『楓軒年録』）。

第二、『中山家文書』によると、景保はシーボルトから書籍を求められたが、その書籍をいずれかへ貸し失ったので、林蔵に頼んで借り受け、それを写させてから奉行便でシーボルトに送るつもりであったという。林蔵と不和ならば、景保が林蔵から書籍を借りるはずがない。彼らは、互いに貸借のできる普通の間柄であったのである。

ここで景保がなぜシーボルトから林蔵に小包を送るよう取り計ったのか、景保の心事について考えたい。元来、林蔵とシーボルトとは一面識もない間柄である。その林蔵にシーボルトから小包を送るようにした景保には、それなりの魂胆《こんたん》がなければならぬ。

森銑三先生の示教により閲読した『楓軒年録』に「蝦夷地図をシーボルトに送ったけれども、サガリインの図だけはないので、蘭人より直に林蔵へ文通するよう指図した」(取意)とある。この文中にサガリインの図がないというのは疑わしい。サガリインの図は景保が主管する天文方にあり、現に、シーボルトの江戸滞在中、景保はシーボルトに林蔵の『カラフト第二回探検図』、すなわちサガリイン図を見せている(洞富雄《はらとみお》『間宮林蔵』)。問題は、『蝦夷全図』をシーボルトに送ったにもかかわらず、サガリインの図を送ろうとしなかった景保の心事である。景保はシーボルトと物品のやりとりをしているうちに、シーボルトの要求をわずらわしく思い、次第に心がわりしてきた。そしてシーボルトに地図を送ることを打ち切ろうとしたのである。景保としては身の危険を感じたであろうし、彼自身の宣伝に役だたぬ林蔵の『カラフト第二回探検図』(『北蝦夷地図』)を送ったところで何の益にもならぬ。そこで地図発送の責任、すなわち国の機密を売る罪を、林蔵に押しつけようとしたのである。林蔵の『カラフト第二回探検図』は、その成立過程を示す『東韃地方紀行』と『北蝦夷図説』がそえられ、景保の名義にすることができないからである。ただし、景保はシーボルトとの約束があったため、他の機会に林蔵の『カラフト第二回探検図』を送ったのであろう。シーボルトの著『日本』に同図の写しが掲出されている。

長田偶得《ぐうとく》の『間宮林蔵』に「林蔵の密訴によりて作左衛門（景保）は死刑に処せられた」とあり、シーボルト自身も、その著『日本』に林蔵を摘発者として次のように記載した。

われら日本滞在の最後の不幸な年において、彼（林蔵）は日本政府の取調を誘致した（呉秀三訳『日本交通貿易史』、現代文に改む）。

当時、密告はうかつにできなかった。もし相手にその事実がなければ、密告者自身が厳刑（現代の誣告罪《ぶこくざい》）に処せられるからである。林蔵もそのくらいのことは知っていただろう。単に景保から小包を渡されただけでは密告などできるものではない。景保も幕府の許可をとりさえすれば、どうどうとシーボルトからの贈りものを受けとることができるし、禁制品以外の品ならば、贈ることもできたからである。

事件発覚後、林蔵は伊能家のことを心配してひそかにおとずれ、いろいろ忠告してから、さらに久保木竹窓《ちくそう》方に立ちより心ぞえを依頼した。そのときの模様が小宮山楓軒の『楓軒年録』に記載されているが、それによると林蔵は事件が発覚し、幕府当局の取り調べが進んでから、はじめて国図のことに関係した事件であることを知ったのである。確かな証拠を持たぬまま、密告などとうていできることではなかったし、またしなければならぬ事情もなかった。

❖九州に暴風雨が襲来

景保の身辺が探索されているとき、意外なできごとが発生して、景保とシーボルトとの関係は、ついに明るみに出たのである。

文政一一（一八二八）年八月九日の夜から翌一〇日の朝にかけて、暴風雨が九州地方を襲った。長崎の被害は甚大で、港内に停泊中の蘭船は出帆の準備がすんだのに碇綱《いかりづな》が切れ、大波にもまれて稲佐《いなさ》の浜に打ちあげられ大破してしまった。さっそく長崎奉行所の役人が出張して、船中残らず調べたのである（『甲子夜話続篇』）。

このときシーボルトは任期が終わって帰国の準備をし、八九個の荷物を蘭船に積みいれ、蘭館においてその出帆を待っているところであった。船は九月二〇日、出帆の予定である（呉秀三『シーボルト先生』）。ところが前記のように蘭船が大破したので、修理の都合から船のなかの荷物を浜辺に移し、海水にひたされたシーボルトの行李《こうり》を開くと、なかから禁制品が現れた。さっそく竹やらいを作って蘭人を遠ざけた。そして長崎奉行はこれを江戸に通報した。大事件は江戸に報告し、その指図を受けるのが当時の通例であった。もちろん蘭船の出帆は延期され、長崎奉行において請負人をつのり、破損の修理にとりかかった。

❖高橋景保、捕縛される

文政一一（一八二八）年一〇月一〇日の夜、江戸の浅草天文台下の高橋景保の屋敷は、高張提灯《ちょうちん》をかかげた多勢の捕方《とりかた》にかこまれ、直ちに景保は捕縛された。景保は御目見以上であるから縄をかけられることはないのであるが、何分にもこの事件は外国人を相手にした機密漏洩《ろうえい》、官物の横流し、すなわちスパイ事件であるため、幕府はこれを反逆罪として扱い、景保に縄をかけ、厳しく警固し、青網をかけた駕籠《かご》に乗せてかつぎだした。評定所《ひょうじょうしょ》（町奉行所ではない）に着くと、大目付村上大和守、町奉行筒井伊賀守、目付本目帯刀《たてわき》の立ち会いのもとに吟味が開始され、翌朝七つ（午前四時）まで続いた。それから景保は縄つきのまま揚《あが》り座敷（御目見以上の牢）入りを命ぜられた。

景保の部下、下河辺林右衛門も同夜評定所に呼びだされ、一通り取り調べののち揚り屋（御目見以下の牢）に入れられた（『甲子夜話続篇』呉秀三『シーボルト先生』）。

景保と林右衛門の二人はすぐ白状したとみえて、関係者一同がぞくぞくと評定所に召喚され、厳重な取り調べを受け、引き続いて景保も林右衛門も吟味を受けた。翌文政一二（一八二九）年をむかえ、二月に入ると景保は熱病にかかり、医師の手あつい治療にもかかわらず、同月十六日、牢内において病死した。四五歳であった。死骸は臓腑を取りだされ塩漬けのまま保管された。

❖シーボルトの家宅捜査

文政一一（一八二八）年一一月一日、江戸からの急御用状が宿つぎで長崎奉行所に到着した。奉行本多佐渡守正収は、その夜八つ（午後一〇時）ごろ、小通詞助の吉雄忠次郎（文政九年六月、江戸から長崎に帰る）をひそかに呼びよせ、シーボルト所持の日本地図、その他の品々を取り戻すこと、もしそれができなければ奉行が職権をもって没収する。その旨をとくと心得、内密に取り戻すように命じた。そこで忠次郎が出島蘭館のシーボルトの部屋に行き、この旨を語ると、シーボルトは何も所持していないといい、ただ蝦夷の地図（林蔵実測）だけは、いそぎ徹宵して複写図を作り、その原図を奉行にさしだした。しかし日本図は所持していないといい張るので、忠次郎も詮方《せんかた》なく、その旨を奉行に報告した（『甲子夜話続篇』呉秀三『シーボルト先生』）。

一一月一〇日六つ（午前六時）、次の人びと約三〇人が長崎奉行所に集合した（『文政雑記』）。

長崎奉行　本多佐渡守の用人　伊藤半右衛門

目安方　遠藤兵蔵

古沢内蔵太
矢野兵太夫

役所付両組　二〇人
右手附探番　小役

右の人びとは出島の隠密御用を命ぜられ、おいおい出島にくりこんだ。朝五つ（午前八時）ごろ蘭館に到着し、一組は表門をかため、一組は通詞部屋につめ、他の一組は前日夜番の大通詞、末永甚左衛門とともに甲必丹《かぴたん》（商館長）部屋に行き、シーボルトを呼びよせ、商館長メイランの立ち会いのもとにシーボルトに対し次の申し渡しをした。シーボルトの荷物を封印してから、双方立ち会いのうえで荷物をときあけ、禁制品はこれを没収し、その余は構いなくシーボルトに渡すと。そしてシーボルトが甲必丹部屋にいるあいだに、検使らはシーボルトの道具・荷物および土蔵を封印し、それからシーボルトの尋問にとりかかった。そして景保から贈られた地図を差し出すように命ずると、シーボルトは地図を手ばなすことを恐れ、地図は本国（すなわちオランダ）に送って手もとにないという。念のため検使たちがシーボルトの部屋を隈《くま》なく捜査したが、やはり地図はない。よって他の品々を押収し、重ねて地図の提出方を商館長メイランより説得、通詞たちも口ぞえしたけれども、最初嘘偽《きょぎ》の答申をしたため、今さら差し出すことができない。拠《よんどころ》なくシーボルトは三日の猶予《ゆうよ》を乞うた。翌日またもや検使が蘭館に出張し、再び地図の提出を求めたが、シーボルトはこれに応じない。その夜の五つ（午後八時）ごろ、奉行の用人が一五、六人をしたがえ蘭館に出張、シーボルトに対し、地図を差し出さなければそのまま捕縛し、奉行所に連行すると商館長より告げさせたところ、ついにシーボルトは花畑の方に行き、石の下から箱を一つ持ち出し自分の部屋に戻り、地図を手に持って甲必丹部屋に来り、商館長を介して検使に渡した。そこで検使たちは土蔵の封印をとき、なかの荷物をシーボルトに渡し、差控を命じて引き揚げたのである。

このように幕府が地図の回収に躍起《やっき》となったのは、国防的見地から日本の地形が外国人にくわしく知られることを恐れたからである。世界一精密な林蔵と忠敬の実測図が一たび外国人の手に渡れば、どのように利用されるかわからない。

なお一一月一〇日五つ（午後八時）、大通詞馬場為八郎（六二）、小通詞助吉雄忠次郎（四一）、小通詞末席稲部市五郎（四三）、小通詞並堀儀左衛門の四人は奉行所に呼びだされ、シーボルトの吟味中、年番町年寄預けとなり、ついで一二月二三日、改めて入牢を申し渡された。この四人は景保よりの名ざしで、シーボルトと景保との文書のやりとりを取り次いだからである。

一二月二三日、シーボルトは出島滞留、甲必丹（商館長）預けとなり、帰国を禁じられた。シーボルトの取り調べは続いて行われ、関係者について厳しく追及されたが、シーボルトは「確かなことは申しがたい」と、逃げの一手で押し通したのである（『中山家文書』）。

蘭船は眼鏡師の御幡栄三が、修理を請負《うけお》い見事に完了した。

文政一二（一八二九）年九月二五日、シーボルトは長崎奉行所において国禁を申し渡され、再渡来を禁じられた。シーボルトの刑がこの程度ですんだのは、幕府の規則として外国人を死刑に処しなかったことと、もう一つ外国への影響が考慮されたからである。かくて文政一二（一八二九）年一二月二五日、シーボルトは蘭船に乗って長崎を去った（以上呉秀三『シーボルト先生』）。

天保元（一八三〇）年三月二六日、死後の景保に死罪の判決が下され、下河辺林右衛門は中追放、その他の関係者も一〇里四方追放、三〇日押込《おしこめ》、五〇日押込、五〇日手鎖《てぐさり》、叱りなどの刑に処せられた。景保の長子小太郎と次男作次郎は三月二九日ともに遠島を申し渡された。

長崎の吉雄忠次郎・馬場為八郎・稲部市五郎は天保元（一八三〇）年閏三月二五日、江戸町奉行へ護送されることとなり、四月六日、長崎出発、五月二〇日、江戸において永牢《えいろう》を申し渡された。そして吉雄忠次郎は上杉佐渡守預かり、稲部市五郎は前田大和守預かり、馬場為八郎は岩城伊予守預かりとなった。その他の関係者は三月二五日、役儀取放《とりはなち》、押込百日、町年寄支配押込百日、三〇日手鎖などに処せられ、蘭通詞の吉雄権之助《ごんのすけ》（四五）は重病のため親類預けとなり、その回復を待って九月一八日、急度《きっと》叱りに処せられた。江戸と長崎を合わせ処罰されたもの四〇余名である。

❖蘭語を日本人に教えなかったシーボルト

吉雄権之助（永保、如渕）といっても現代の日本人で彼を知るものは少ないであろう。権之助は長崎の志筑忠雄《しずきただお》（中野柳圃）の門人で、江戸の馬場佐十郎（文政五年死亡）とともに、その蘭語学において東西の両横綱とも称すべき実力を備えていた。シーボルトも「学識ある通詞、吉雄権之助」（斉藤信訳『江戸参府紀行』）と敬意を表している。そしてシーボルトの門人といわれる高野長英・湊長安・美馬順三・岡研介らも権之助について蘭語を学んだのである。シーボルトから教えられたのではない。おさないのころから蘭語を口にした権之助には、シーボルトも一目も二目もおかざるを得なかったのである。ことに権之助の蘭語の会話はすばらしく、蘭人と異ならなかったという。

シーボルトは日本の仮名文字をどうやら読み得る程度で、漢字まじりの日本文には歯がたたなかった。せっかく日本の書籍を入手しながら、読むことはもちろん、蘭文に翻訳することもできない。そこで権之助から蘭語を学んだ門人たちを利用して、蘭文に翻訳させたのである。後年、シーボルトは『日本』を著述して、その名を不朽にしたのであるが、そのかげに門人たちの努力があったことを見のがすことはできない（『施福多先生文献聚影』、呉秀三『シーボルト先生』）。

❖シーボルト、『日本』を著す

日本に大きな傷あとを残して長崎を去ったシーボルトは、一八三〇年七月七日、オランダに帰着した。そしてオランダ政府の庇護を受けながら、多量の資料にもとづいて著述にとりかかった。長崎において没収された資料はわずかにすぎず、すでに発送ずみのもの、および隠匿して持ち帰ったものが多量にあったのである。一八三二（天保三）年、オランダのライデンにおいて『日本』（副題『日本とその付近および属島蝦夷、南千島、薩哈連、朝鮮、琉球諸島の記録』）の第一部を刊行したのを初めとして逐次、「陸上と海上の旅行」、「国民と国家」、「日本の宗教」、「日本の近国と属国」、「日本動物誌」、「日本植物誌」などを出版した。

シーボルトは『日本』の第一部に最上徳内と間宮林蔵の業績の大要を記述し、さらに「間宮の瀬戸」と書きいれた高橋景保の「日本辺界略図」も収載した。

シーボルトは日本の北方にある島々を研究し描写し、ヨーロッパ人をして精細な知識を得せしめた功労者は、最上徳内と間宮林蔵の二人であるとし、まず徳内の業績を記述した。シーボルトの記述によれば天明《てんめい》五（一七八五）年七月、徳内は蝦夷地の北端ソウヤを出発してカラフトに渡り、西はタラントマリ、東はアニワ湾の東端シレトコまで行って、八月ソウヤに帰った。翌六年、徳内は再カラフトに渡り、西海岸のクシュンナイまで踏査して帰ったという（呉秀三

『日本交通貿易史』)。

ところでこの徳内の業績というのが、驚くなかれ天明五年、幕府の命令によってカラフトを見分した庵原弥六《いはらやろく》と、翌六年、見分した大石逸平《いっぺい》の事蹟(このとき徳内は、南千島に渡っていた)である。庵原と大石に関する業績は、佐藤玄六郎ら著述の『蝦夷拾遺』に記載されてあるのだが、なぜか「我往者」としてあって庵原と大石の姓名が記載されてない。徳内は、これ幸いと文政九(一八二六)年三月、江戸においてシーボルトと面談の際『蝦夷拾遺』中の記事を彼の業績として売りこんだのである。シーボルトはまた徳内の言葉を真実と思いこんで、「我往者」を最上徳内として『日本』に記載したのである。徳内のすさまじい山気に驚かざるを得ない。

さらに徳内はラッカ(実はクシュンナイ)まで行ったとホラを吹いてから、二枚のカラフト図をシーボルトに手渡した。一枚は享和元(一八〇一)年、中村小市郎・高橋次太夫がえがいたもの、もう一枚は文化八(一八一一)年以後に徳内が自ら作りあげたものである。後者は間宮林蔵の『カラフト第二回探検図』と『皇輿全覧図』系統のサガリインとをつぎ合わせ、それに徳内が手を加えて林蔵の図とは少しばかり形のちがうようにしたものである。この両図とも『日本』第七部に徳内の図として収載された。しかるにその作製年次が中村・高橋合作の図において一七八五(天明五)年、徳内の手製図において一七八六(天明六)年となっている。まちがいにしては余りにひどすぎる。おそらく徳内が地図をシーボルトに手渡すさい故意にごまかしたものだろう。シーボルトの『江戸参府紀行』によれば、地図を渡したとき、徳内はシーボルトに秘密を厳守する約束をさせたという。徳内としては、この秘密が露顕するのを恐れたのである。もちろん地図を外国人に渡すことは、既記のとおり厳禁されていたから、その発覚を恐れたためでもあったろうが、前記の秘密がその理由の一つであったことも否めない。

さて嘘偽の徳内の事蹟を訳載したものの、これだけでは間宮海峡の存在を説明する証拠とするには不十分である。借り物ながら新知識者としてシーボルトが欧州の学界に進出し、「面目の仕合」（『中山家文書』）をつかむためには、どうしても林蔵を登場させねばならない。医師とはいうもののシーボルトの技倆《ぎりょう》は見習生程度の初歩で、医師として大成する見込みがなく、日本人の業績を利用して一山あてようという野心があったからである。あたかも現代の日本人が欧米に遊学し、あちらの本を持ち帰って翻訳または翻案し、名をあげるのと同じである。

そこでシーボルトは日本政府の取り調べを誘致したのは間宮林蔵であると記述しながらも、林蔵の功績は徳内をしのぐもので、その功は功として認めねばならぬとし、林蔵の『東韃地方紀行』の大略を訳載した。そして「これによってサガリインは島か、否か、サガリインと黒龍江との関係はどうか、などという永いあいだの係争問題は一挙に解決せられるであろう」と強調した（呉秀三訳『日本交通貿易史』）。

最上徳内と間宮林蔵の地図を一瞥《いちべつ》すれば、薩哈連と大陸とを分つ海水連絡の実存するのを証明するのに充分である。さればフォン・クルーゼンシュテルンはクラプロートが、これに反する切実な理由を挙げたにもかかわらず、彼の意見を頑守《がんしゅ》したけれども、余が幸に彼にもたらした日本の原図を見たときに「日本人は我を征服した」とさけんだ（呉秀三訳『日本交通貿易史』、現代文に改む）。

すでに述べたとおり、クルーゼンシュテルンは林蔵より三年前にカラフト探検をした人である。そのクルーゼンシュテルンの言葉を『日本』に掲出したのは、林蔵の図がクルーゼンシュテルンも認めたほどのすぐれたもので、従来のカラフト地続き説をくつがえすものであること、およびその図を日本から和蘭に持ち帰ったシーボルトは、欧州における最新の知識の所有者であると誇りたかったからである。

『日本』の第一部に訳載した『東韃地方紀行』は、その大略であるため、改めてシーボルトは、その全訳と『北夷分界余話』（『北蝦夷図説』）の抄訳と林蔵の『カラフト第二回探検図』とを『日本』の第七部に収載した。

ところで現代の日本人のなかには、シーボルトを称して林蔵を世界に紹介した恩人だという向きもいる。これはシーボルトがその著『日本』に林蔵の『東韃地方紀行』を訳載し、その結果林蔵の名が世界に知られたことを強調したつもりだろうが、しかしこれは甚だしい本末転倒《ほんまつてんとう》である。たとえシーボルトの翻訳によって林蔵の名が世界的になったとはいえ、林蔵は原著者でシーボルトは翻訳者である。原書が立派だから翻訳するのであって、原著者こそ翻訳者の恩人である。たとえばシェークスピアを日本において翻訳したのは坪内逍遥《つぼうちしょうよう》博士であるが、坪内博士をシェークスピアの恩人と呼ぶであろうか。もし呼んだならたちまち世人の嘲笑をまねくに相違ない。林蔵（原著者）とシーボルト（翻訳者）との関係も、これと同じである。またシーボルトによって林蔵の名は不朽になったという。これも本末を転倒したもので、シーボルトがどんなに宣伝につとめても、林蔵の事業そのものが不朽でなければ、林蔵の名は後世に残らない。

シーボルトの著書『日本』は、彼の見込みどおりたちまち欧州の学界において注目され、高く評価され、彼の社会的地位も高くなった。そして欧州の諸国から名誉ある勲章を贈られた。まさに「面目の仕合」をつかんだわけである（呉秀三訳『江戸参府紀行』、『日本交通貿易史』、同著『シーボルト先生』に負うところが多い）。

❖林蔵はシーボルトと面談しなかった―ホラ吹きシーボルト

今までシーボルトを伝えた人びとは、シーボルトと林蔵とは一回ぐらい面談したと断定した。事実であろうか。

シーボルトの著『江戸参府紀行』には、彼を訪問した日本人の名をくわしく記載してあるが、林蔵に関する記事はない。もし林蔵が訪問したならば、シーボルトのことである、その面談の模様を記載しないはずはない。『江戸参府紀行』には文政九（一八二六）年四月一日（五月七日）の条に高橋景保が林蔵の著書をシーボルトに贈ると約束したこと、およびカラフトとアムール河（黒龍江）の河口のあいだを「間宮の瀬戸」と呼ぶということしか記載されてない。

諸書に「林蔵はシーボルトから求められて会った」とあるけれども、当時の規則として外国人から面会を求められたからとて、すぐに会えるものではない。相応の理由をつけて幕府に出願し、その許可を受けねばならなかったのである。現に高橋景保も蘭人訪問に先だち、幕府に出願してその許可を受けている。問題はシーボルトの著『日本』のなかの「我等は林蔵と相知ることを得」（呉秀三訳『日本交通貿易史』）の一句である。はじめは筆者もこの一句に惑わされたのであるが、前後の事情、シーボルトの性癖を考えあわせると、この一句は頼りにならない。

シーボルトといえば、日本の大恩人、真摯《しんし》な学者として、その著書に対し、いささかも疑問をさしはさむことが許されない現状であるが、シーボルトも人間である以上、長所もあれば短所もあっただろう。筆者のみるところによれば、シーボルトには誇張癖（ホラ吹き）があったようである。すなわち彼自身の関係したことなら事実よりも誇大に吹きたてる癖である。言語・文章を修飾するつもりであろうが、この修飾が事実をゆがめてしまう。たとえば江戸滞在中、二、三回面談したにすぎない最上徳内を、尊敬すべき老友と呼んであたかも十年の知己のように遇し、また単に手紙を送っただけのアメリカ、ペルリ艦隊の一乗組員を「ミシシッピー号上の吾が通信者」と呼んでいる。ペルリはシーボルトを「人格恭謙であると推賞し得ない」、「途方もない自負、自尊の人」（土屋喬雄、玉城肇訳『日本遠征記』）と非難しているが、確かにシーボルトにはホラの貝を吹きならす性癖があったのである。ゆえにシーボルトの記述だからとてすべてを真実として鵜《う》のみにすることはできない。

思うにシーボルトがその著『日本』に「林蔵と相知ることを得」と書いたのも、彼の誇張癖がそうさせたのであろう。曲りなりにも高橋景保を通じて林蔵に小包を送っているので、相識のように書いたのである。つまりシーボルトのホラである。従って日比谷図書館所蔵、山崎美成の『夜談録』に「間宮林蔵、最上徳内はシーボルトにわけて懇《ねんごろ》に交りを結びければ」とあるのは誤りで、函館図書館所蔵の『四方譚《よもばなし》』の次の一文が真実かと思われる。

阿蘭人、名はシイボルト参府中、林蔵の江戸に在る由を聞て対面せんことを願けるが、林蔵、辞してこれに逢《あわ》ず（中略）。是、林蔵が深き所存ありての事と後に人々、感賞せり。翌年の天保元年、天文方高橋作左衛門等、シイボルトに馴合《なれあい》、怪《けし》からざる品々を贈与《おくりあた》へたる一件、御詮議《ごせんぎ》に成り許多《あまた》の人々、刑罰せられたれども、林蔵は聊《いささか》、故障の事もなかりし也（原文、片仮名）。

ここで注意したいのは、右の文中に「後に人々、感賞せり」とあることである。今まで林蔵を伝えた人びとは「シーボルト事件以後、林蔵は世間から白眼視され、賤視されて隠密に転落した」と記述したのであるが、右の一句によって、かえって林蔵はスパイ事件にまきこまれない志操堅固な人物として感賞されたことがわかる。

❖シーボルトはロシアのスパイ

シーボルトは長崎滞在中、心ある日本人からその素姓を疑われていた。ロシア人ではないかという疑惑につつまれていたのである。和蘭の医官でありながら、和蘭については知ることが少なく、かえってロシアをくわしく知っていたからである。ドイツ生まれのシーボルトは蘭語の発音もちがうはずである。

シーボルトの門弟といわれる高野長英も、シーボルトの素姓に対し疑いを持ち、あるときシーボルトの官名を問いただしたところ、ついにシーボルトはラテン語でコンテンス・ポンテー・ヲルテ（察機密官）と白状におよんだ（『崋山全集』）。

シーボルトは日本人を愚弄《ぐろう》する場合、または日本人に知られると都合の悪い場合には、ラテン語を用いるのを常とした。長英の質問に対してもラテン語で答えれば気付かれぬと思ったのであろうが、しかし相手は長英である。シーボルトのラテン語にごまかされず、シーボルトがロシアのスパイであることをつきとめたのはさすがである。

日本人だけではない。嘉永《かえい》六（一八五三）年、浦賀に来航したアメリカのペルリは、シーボルトをロシアと密接な利害関係のあるスパイとして警戒し指弾した。そしてシーボルトを追放した日本人を「慧敏《けいびん》」と激賞したのである（土屋、玉城訳『日本遠征記』）。

❖ころび芸者、高橋景保

当時の日本人は、日本の地図が外国人に渡ることを望まなかった。これは幕府の首脳部だけではない。庶民といえども同様であった。日本の地形が外国人にくわしく知られることを恐れたからである。この世論を無視した景保の行為が、庶民の同情を集めるわけがない。一部の蘭学者だけは景保に対し多少同情的であったけれども、これとて全面的に支持したわけではない。有名な蘭学者の高野長英も『蛮社遭厄小記《ばんしゃそうやく》』（静嘉堂文庫）において「高橋氏、己れを慎《つつし》まず、自ら誇りて本邦大地図を蛮人に寄与し」と景保の不謹慎を非難している。庶民にいたってはなおさらのことで、文政一一（一八二八）年八月九日の暴風雨を神風と呼んでシーボルト事件の発覚を喜び、そして景保を「ころび芸者」と同様、節操を売る不届者《ふとどきもの》（売国奴）として強く指弾した。当時の狂歌に「ころんだの　おらんだのとてむつかしや　せまじきものは　芸者、天文」（『巷街贅説《こうがいぜいせつ》』）というのがある。

シーボルト事件は政治の革新運動でもなければ、思想事件でもなく、シーボルトという外国人に国の機密を売る汚職（スパイ）事件だったからである（呉秀三『シーボルト先生』に負うところが多い）。

水戸藩と林蔵

❖斉昭と林蔵

水戸藩は徳川光圀《みつくに》以来蝦夷地に注目し、快風丸を作って蝦夷地を探検しようとしたことがある。くだって寛政五（一七九三）年、藩主治保《はるもり》の時代、ロシアの使節ラクスマンが松前にきたときには、木村謙次《けんじ》と武石民蔵を隠密として松前に派遣し、寛政一〇（一七九八）年、近藤重蔵がエトロフに渡海したときには木村謙次が、これに随行した。

文政一二（一八二九）年一〇月一七日、斉昭《なりあき》が襲封《しゅうほう》すると、蝦夷地経営熱が盛んになり、幕府に請願するためと、経営の準備のため、林蔵の知識と経験とが必要になった。そこで斉昭は林蔵を顧問としてまねき、月俸を与えていろいろ諮問したのである。山崎半蔵の日記によれば林蔵が水戸藩に出入りしたのは天保二（一八三一）年ごろからであろうか。

❖藤田東湖と林蔵

斉昭は老中の大久保加賀守忠真に請願書を提出するための準備として、蝦夷地経営に関する林蔵の意見を聞いたのであろう。藤田東湖の「日記」天保五（一八三四）年四月一六日の条に「大久保加州へ被遣《つかわされ》候御案、御懸《かかり》、銚子、松前の事なり」とあり、さらに七月四日の条に「間宮林蔵書簡、御内々御下げ」とある。

森銑三先生の示教により閲読した『楓軒年録』に、「天保六（一八三五）年の六月ごろ、林蔵は水戸藩の友部好正《よしまさ》に会って北国筋から船に乗り、四国、九州より南海を乗り回して帰国した。西国辺の窮迫はひどく、まだ関東の方がよい。とにかく西国筋は紙金（紙幣）通用で、衰弱し、その上、近年打ちつづく不作のため一段と弱っているように見える。代官は、どこもよくない。大名の政事には大いにおとっていると歎いた」とある。

天保九（一八三八）年五月には江戸にいたのであろう。藤田東湖の「日記」五月二一日の条に「朝、市川五左衛門来る。殿中無事、召されて謁見、間宮林蔵を訪《おとな》うべきの命あり」とある。残念ながら東湖の「日記」はこの日で切れていて、東湖の訪問の日時・目的を明らかにし得ないが、おそらく蝦夷地経営に関することだろう。

同年一二月、斉昭から林蔵に湿瘡《しっそう》見舞いとして、藤田東湖を通じて蘭薬とともに神仙丸という薬が贈られた。そのとき斉昭から東湖にあてた手紙が水戸藩史料に収載されてあり、それには林蔵を「有用の人材であるから天下のため早く全快させたい」（取意）という一句がある。

これに対し林蔵は翌天保一〇（一九三九）年三月二六日、東湖あてに「旧臘《きゅうろう》（昨年の暮）は格別の訳をもって良薬をおめぐみ下され、早速、塗ったところ、平癒《へいゆ》し、御蔭で全快した。そのうち罷《まか》り出て御厚礼を申し上げたい」（取意）という礼状を送った（『森銑三著作集』第五巻）。

斉昭の蝦夷地経営に関する請願は、天保五（一八三四）年一〇月 三日、同年一一月三日、同九（一八三八）年閏四月一五日、同一三（一八四二）年一月一三日の四回におよんだけれども、ついに幕府の許可するところとならず、かえって弘化《こうか》元（一八四四）年四月、林蔵の死後、幕府から不審のかどをもって咎《とが》められたときには、その不審の一にかぞえあげられた（『水戸藩史料』、『徳川太平記』）。

林蔵が斉昭の顧問として水戸藩に出入りしたのは、林蔵の逝去まで続いたのであろう。天保一二（一八四一）年五月一日には水戸藩士の西野宣明が深川冬木町の林蔵を訪問している（『松寓日記』）。

林蔵の交友

❖古賀侗庵

幕府の儒者、古賀侗庵《こがどうあん》は通称を小太郎、名を煜《あきら》といい、寛政三博士の一人、古賀精里《せいり》の三男である。侗庵は漢学者としてすぐれていたが、外国の形勢にも関心をよせ、『海防臆測《おくそく》』、『擬極論時事封事』などを著し、「イスパニヤ・イギリス・ロシアなどの国々が相ついでおこり、みな大志がある。ことにロシアは近年ますます強大となり、ポーランド・小韃靼などを併合し、その領土は日本の約三〇倍、人口は三倍もある。大砲の弾丸は数里の外にも達し、一発で数十百人をたおす。弓馬刀鎗などの及ぶところではない」と論じている(『擬極論時事封事』)。

この侗庵が林蔵と親しくなるのも当然だろう。いつのころか明白でないが、侗庵は自分の家に林蔵をまねき、膝をまじえて語り合った。そのとき林蔵の物語はたいへん面白く、聞いていて飽きなかったという。侗庵は林蔵の話を門人に筆記させ、それを一巻に仕あげて『窮髪記《きゅうはつ》譚』という標題をつけた。窮髪は『荘子』にある文字で、極北不毛の意である。著者名の記入がないため、誰の手になったものか不明だったのであるけれども、先年森銑三先生によって倜庵の筆録したものであることが明らかにされた。現在宮内庁書陵部の保管に属する。

倜庵はまた林蔵の『東韃地方紀行』のなかの挿絵を二〇葉ほど岳父の鈴木白藤から借り、画工に頼んで筆写させ、それに『書満俗図略後』という一文を書きそえた（『森銑三著作集』第五巻）。

昭和一三年春、森銑三先生の示教にもとづき筆者は慶応義塾図書館において同館の国分剛二先生の御好意により、倜庵の日記を閲読したが、それには文政六（一八二三）年九月朔日《ついたち》と同二二日の両日、深川の林蔵の家に行って魚釣りをしたという記事と、さらに九（一八二六）年一二月二四日、林蔵が倜庵を訪問し、来年、八丈島巡視の命を受けたという記事がある。晩年であろうか、倜庵が子息の謹堂《きんどう》をして林蔵を訪問させたら、林蔵は褐《ぬのこ》を着、巻帯をして謹堂を室内にむかえ入れた。室内は地図が散乱し、天球儀・地球儀などがあったという（小川琢治『間宮林蔵』、地学雑誌一八九号）。

❖山崎半蔵

津軽藩士の山崎半蔵は、林蔵ともっとも親しく、林蔵が蝦夷地に下るときには半蔵方に立ちよっていろいろ話をしたり、また半蔵が江戸に上ったときには、林蔵をその家に訪問した。

函館図書館所蔵の半蔵の日記によると、天保二（一八三一）年の秋、半蔵が江戸の林蔵をおとずれたとき、ちょうど林蔵は細工物《さいくもの》をしていた。何をしているのかと尋ねたら、林蔵の答えは次のようであった。

長崎へ書籍が渡ってきたら頼むと、かねて申し送ってあったところ、先ごろ『四書続講義』がはじめて渡ってきたからとて送ってきた。見ればよい本である。あまねく人にも見せようと思い、書肆《しょし》（本屋）へ梓行《しこう》（印刷）のことを相談したら、書肆はこれに応じない。よって活字版にしようと思いたち、自分で彫刻に取りかかった。感ずる子細もあり、水戸公が一家中に用いさせようと康熙《こうき》字典の彫刻を命ぜられたが、康熙字典は大部の書で莫大の経費がかかる。活字ならばたいした費用もかからないし、林蔵一人の手先でもできると、その折思いついたから、このたび発奮し、手慰めながら取りかかったところである。家内などは根尽しだから止めよというけれども、碁《ご》・将棋《しょうぎ》で昼夜をすごすのものの好きなら、これもそれと同じであるという。

その後五年目に林蔵を尋ねたときは、ようやく彫刻が終わって試みに摺《す》った『大学』がある、といって半蔵に贈った。まことに見事なできばえである。林蔵がいうには望むものがあれば摺るが、そのときは紙価だけを申し受けたい。遠慮なく申し越されよ。隣国辺に志を同じくする人がいたなら、一冊ずつ持っていって贈られよ。学問執心のやからの情合は誰も同じである。

見たいと思うものがあれば、申し越し次第摺るであろうと語った。その後、半蔵が書肆に見せたら職人も及ばぬ手際《てぎわ》で、彫刻に妙を得た人でなければできぬことである。町家でもあったら大分限《だいぶげん》(大資産家)になるであろうといったという。

❖川路聖謨

天保六(一八三五)年一一月二三日、老中大久保忠真の引きたてによって評定所留役から勘定吟味役に昇進した川路聖謨《かわじとしあきら》は、同時に浦々掛を命ぜられ、異国船取り扱いに関する仕事を担当することとなった。当然林蔵との関係が密接になる。御目見以上の聖謨は、御目見以下の林蔵より地位が高い。けれども年の若い聖謨(三六歳)は、この仕事では大先輩の林蔵に頼らざるを得ない。彼は下僚の林蔵を先生と呼んで、林蔵から外国の形勢や蝦夷地の事情を聞き、互いに論じあったという。彼はその日記に「昇《のぼる》(渡辺崋山《かざん》)、林蔵の徒、日に多く来り、論駁《ろんばく》す」、「又、所友、渡辺昇、間宮林蔵、常に西戎《せいじゅう》(西洋人)の事を論じて止まず。故に大要を聞くことを得たり」(原漢文)と記している。

林蔵は聖謨に太刀装具を贈り、将来蛮人(西洋人)が必ず害をわが国に加えるであろう。けれども我(林蔵)はすでに老年である。足下は若い。必ずこの変にあうに相違ない。そのときはこの太刀をさし給え。これは我が遺物として見給えといったという。

天保一一（一八四〇）年六月八日、聖謨は佐渡奉行に昇進し、任地に行ったので、その後も林蔵と直接の交渉があったかどうか明らかでないけれども、林蔵を先見の明ある非凡な人物として敬慕していたことは事実である。林蔵の死後、弘化三（一八四六）年一月、奈良奉行に転じてからも、その日記に「われに奇を好の癖あり。奇人を好む也。間宮林蔵、渡辺崋山の類也」と記している（『川路聖謨文書』、川路寛堂『川路聖謨之生涯』、田村栄太郎『川路聖謨』）。

林蔵と関係のあった主な人物としては、このほか近藤重蔵・最上徳内・本木謙助・笠原八郎兵衛・平田篤胤《あつたね》・相馬大作・江川太郎左衛門英龍《ひでたつ》などをあげることができる。ことに江川は林蔵晩年の門弟として、林蔵に対する敬愛の念が強かった。これは特筆にあたいすることである（英龍の書簡による、横山健堂氏示教）。

津の藤堂藩《とうどうはん》の儒者、斉藤拙堂《せつどう》（正謙）と林蔵とのあいだに深い関係があったとは思われないが、拙堂が江戸にきたときであろう、林蔵と会って林蔵の話を聞き、『東韃地方紀行』について質問したら、林蔵は自分の著したものではない。奉行所の書吏が自分の説話を筆録したもので、自分の著したものはほかに一五巻あると答えたという。その席上、拙堂は賦《ふ》をつくって林蔵に贈り、「慷慨《こうがい》、唯、国恩に報いんことを思い、氷海、雪山の難きを辞せず」と林蔵を激賞した（『森銑三著作集』第五巻、『鉄研斎輶軒書目《てっけんさいゆうけんしょもく》』、『摂東七家詩鈔』）。

なお右にいう一五巻の書は、今どうなっているのであろうか。その所在が明らかでない。

ここで一言しておきたいのは、林蔵のような幕臣と地方の藩士との格式のちがいである。斉藤拙堂は大儒とはいえ、藤堂藩の家臣である。林蔵と面談する場合には同席ができない。しきいをへだてて手をついていて、これへと（経済話）、と林蔵から声をかけねば、近づくことができなかったのである。某書に「なかば物めずらしさから」からかい半分に「林蔵を安酒席にまねいた地方の人がいた」（洞富雄『間宮林蔵』）とあるが、これは当時における格式のちがいを知らぬ途方もない愚説である。

隠密としての林蔵

❖林蔵は昇進を望まなかった

洞富雄著『間宮林蔵』に林蔵の第一回の隠密御用は文政一二（一八二九）年の長崎行きとあるけれども、これは誤りである。既述のとおり林蔵は五年前の文政七（一八二四）年から隠密御用をつとめたので、文政一二年の長崎行きが最初ではない。

また同書に杉田成卿《すぎたせいけい》訳、フイッセルの『日本風俗備考』の「罪を得て長崎に到り」を引用し、「林蔵はシーボルトに会ったことをかくしていたことから罪を得て譴責《けんせき》処分として長崎の隠密を命ぜられた」とあるけれども、これは幕府の慣例を知らぬ謬説《びゅうせつ》である。

一、幕府は罪を得た不届者に、国事に関する隠密御用を命じなかった。

二、既述のとおり林蔵はシーボルトに会わなかった。譴責される事実がない。

同書書引の『日本風俗備考』に「間宮が如き人は、その不首尾を取りなほして上官の薦達《せんたつ》に逢《あ》はんと思う心、切なれば其伺察《しさつ》至らざる所なきなり」とある。このくらい林蔵の性格を知らぬ記述はない。読むとふき出したくなるほどである。

三、カラフト探検後の林蔵は、家庭の事情もあって職を退く意思が強かった。幾たびか退職を出願したけれども、その都度、林蔵の上司は慰留につとめ、林蔵の退職を許可しなかった。

四、林蔵が無欲で地位の昇進を望まなかったことは、当時の人びとの知るところであった。古賀侗庵の『書満俗図略後』にも「官長に媚びず、亦た自ら一奇士である」とあり、小関三英の書簡にも「たとえ旗本（御目見以上）に召し出されても辞退する存慮のよし」とある。「上官の薦達に逢はんと思ふ」などというのは、林蔵のもっとも苦手《にがて》とするところであった。

五、林蔵が譴責処分を受けたとすれば、常に退職を望んでいる林蔵のことである。それをよい機会として職を退き、郷里に帰っただろう。林蔵は一人子で郷里の生家を嗣《つ》がねばならぬ立場にあったからである。郷里には生活に事欠かぬだけの家屋と田畑があった。

文化一四（一八一七）年四月一五日、父庄兵衛が死亡し、文政七（一八二四）年八月四日、母「くま」が逝去《せいきょ》したため、林蔵の生家は空家となり、筍《たけのこ》が家のなかに首を出し大きくなったという。近くにすむ親戚一同は空家のたちくされになるのを心配していた（間宮三男也氏示教）。

渡辺崋山の『全楽堂日録』天保二年八月一七日の条に、勘定吟味役中川忠五郎の話が記載されている。それによると林蔵は忠五郎の配下で、隠密御用をつとめるのはいと奇特なことだけれど、はなはだ奇人で、わがままな性質なので制しにくい。継上下《かみしも》を用いず登城してもよいかといったり、無届けで屋敷替えもする。それを咎《とが》めると面倒だからと、すぐ退身の願いを出す。やむを得ないから屋敷替えをしたときには気を付けて、その行く方へ人をやり、確かめてから当方（忠五郎）で取りつくろい、よろしいように届けておくという（森銑三先生示教）。

すなわち林蔵は、常に退職を望んでいたのである。もちろん昇進などは念頭にない。従って同書に「昇進の道をひらいてやらなかった幕府の処置には不審が感ぜられる」とあるのは、無欲な林蔵の性格を知らぬ的はずれの謬説《びゅうせつ》である。

同書に「隠密は犬とよばれて嫌われた」とある。これはフイッセルの『日本風俗備考』に「犬と名づくる者在りて官吏諸事を命令する時、潜《ひそか》に是を察して緊《きび》しく弾劾す」とあるのによったものであろうが、嫌ったのは探索されると都合の悪い脛《すね》に傷もつ連中で、一般の世人は嫌いもしなければ、にくみもしない。かえって隠密の公平な処置を期待する人もいたのである。

現に国学の大家、平田篤胤《ひらたあつたね》は江戸を追放されてから、その江戸復帰運動を林蔵に依頼しようとしたくらいである。天保一三（一八四二）年ごろのことであった。

ミカンやの向ひ辺りに桑野才兵衛と云《いう》ヲンミツ家ある筈《はず》也。小川地（伊勢の郷師）又、天竜川の陽石を送ってくれた男なども至て懇意の人にて、我等をヨク知たる人也。又、間宮林蔵とて深川に居る人、今は御家人にて此両人共、ヲンミツ家也。又湯島に居る桜井何某、之もヲンミツ家也。我等逗留中、仁良川へ来しこともあり、後にききたり。是は貴様（養子鉄胤《かねたね》）も知った人也。是等、何とか我等を随分、知たる人なれば、何とか我等が濡衣《ぬれぎぬ》を上へ通し、林奴（大学頭、林述斎）が奸《かん》をあらはす手段の用には立つまいか（渡辺刀水先生示教、『平田篤胤研究』）。

右は秋田にすむ篤胤から在江戸の鉄胤《かねたね》にあてた書簡の一節であるが、隠密の林蔵を格別いやしみもしなければ嫌ってもいない。探索される立場にいなければ当然なことである。

❖異国船に関する林蔵の報告書

松浦静山《まつらせいざん》の『甲子夜話続篇』に天保元（一八三〇）年、長崎奉行に属して備前（岡山県）の鞆《とも》の津まで行ったところ、時疫《じえき》を受けて死亡したという記事がある。もちろん林蔵の死は誤りであるが、鞆の津まで行ったことは事実であろう。

天保二（一八三一）年の秋には江戸にいて、津軽藩士山崎半蔵の訪問を受けたことは既記のとおりである。同年一〇月には笠間の加藤桜老がたずねてきたので、林蔵はフランスの酒、ロシアの酒などを出してもてなした（『桜老日記』）。

一一月、一ケ年金一〇両の手当を支給される旨、勘定奉行村垣淡路守から申し渡された。

このころ、イギリスの漁船が日本の近海にきて荒し回ったので、日本人はこれを海賊と呼んで非常に恐れたのである。

天保二年二月二四日、東蝦夷地アッケシの東のウラヤコタンにイギリス船一艘が近づき、端艇で五〇人ほど上陸し、警備中の松前藩士と鉄砲の打ちあいをやり、六月二五日には岩城（福島県）領平潟《ひらかた》の沖に現れ、航行中の日本船を追い、鉄砲を打ちかけ、乗組の日本人が逃げだしたのを幸いに、日本船に乗り移り、帆綱を切り、米一五俵と船頭・水夫《かこ》どもの衣類・道具などを奪い去った。さらに六月二八日には常陸（茨城県）那珂湊《なかみなと》の沖にきて、日本船に近づいて乗り移り、帆綱を切り、船頭と水夫らの所持する金子《きんす》・衣類などを奪って去った。

これらの報告に接した幕府は、またもや林蔵に隠密御用を命じたのであろう。天保二年末から四年に亘り林蔵は隠密として出張、海岸巡視のついでに打ち続く凶作に苦しむ地方の生活をも視察し、その惨状を見かねたのであろうか、帰府すると四年九月、勘定奉行に、「田地をつぶして梨畑となし、或は田畑に植木などを植えるのは停止あるべし」と建議した（富村登『山田三川』）。

天保四（一八三三）年一二月には、これらの功労が認められたのか、林蔵は足高《たしだか》二〇俵の支給を受けることとなった。

天保五（一八三四）年になると、またもや異国船騒ぎがもちあがった。同年五月晦日《みそか》、箱館の沖三里ほどのところに異国船（イギリス船）一艘が現れ、翌六月一日には津軽領の砂賀森、母衣月《ほろづき》村の沖に、六月二日には三厩の沖に来り、それから白神（北海道）の方に向かって去った。警備中の松前藩士が大砲を打ちだすと、異国船は白神の沖から去り、六月一三日、またもや津軽領の龍浜崎の沖に姿を現した。津軽藩士が海岸へ行って大砲を打ったら、異国船はすぐさま沖の方へ去っていったが、またまた母衣月村に近づき、その乗組員三人が上陸した。そして手まねで交易を望む仕形をしたので、津軽藩士は打払令により彼らを捕えようとした。すると彼らはその機を察したのか、何事もせず本船に戻ってしまった。一四日、同じ船であろうか、箱館の南の汐首の沖に姿を見せたので、汐首の台場から大砲を数発打つと沖の方へ去っていった。

津軽藩・松前藩から、これらの報告を受けた幕府は、そのまま放置することができない。さっそく林蔵に出張を命じた。畏友《いゆう》、谷沢尚一氏の示教により閲読した日比谷図書館所蔵の『異船紀事』に、このときの林蔵の報告書がおさめられてある。この報告書は今まで学界から顧みられなかったものである。前半は省略されているが、次にその全文をかかげよう。

津軽領へ異国船漂来致候義、御届指出候程之事に付疑無之、表向届には不相見候得共、先月一三日比《ころ》は野月村と申所之辺へ上陸致、海賊体之働も致、其辺、彼是《かれこれ》と漂居、三度程も御届有之、少人数出張も有之由、先つ打払候趣、立派（？）之御届之由、松前陣屋迄、乗入候に付、是も打払候由に御座候。是は先月朔日頃之由、其外、今以、諸所に相見へ上陸致候由、津軽領及蝦夷地之方、一昨年、深乗入、余程《よほど》、怪敷《あやしき》作業も御座候由、津軽、松前よりも数々御届に有之、此節、如何成候哉、不相分候由

同年（天保五年）七月十一日出

間宮林蔵手簡

❖石見の浜田事件

今までの林蔵伝によると、天保中、石見《いわみ》（島根県）浜田の廻船問屋、会津屋八右衛門が猟事にことよせ、松原浦の沖の竹島（鬱陵島《うつりょうとう》）に渡り、外国人と密貿易したとの風聞があった。けれどもその証跡を得られないので、幕府が林蔵にその探索を命じたところ、林蔵は乞食《こじき》に扮して浜田に入り込み、やがてその確証をつかんで帰り報じたので、八右衛門以下関係者一同が刑せられたという（小宮山綏介『徳川太平記』）。事実であろうか。

林蔵には海岸防備の実状の査察という、もっと重要な仕事があったはずである。地方の一商人の密貿易だけのために、幕府が林蔵を石見の浜田に派遣したであろうか。

昭和一四（一九三九）年、筆者は浜田の大島幾太郎氏から同氏の労作『竹島事件史』の寄贈を受けた。それには次のように記述されている。

林蔵は道を山陰道にとって浜田の東一里半の下府《しもこふ》に来た時、休んだ家で偶然、支那《シナ》と印度《インド》との間の辺に産する木を見て、「どこで求めたら、そんな木があるか」と尋ねたのに「松原の船から買うたが、今頃はあるまい。船が帰ると時々ある」と答へた。「時々ある？怪しいぞ」と頭をちょっと傾けて見たものの自分の頼まれた以外の事だから、深くも窮めず（中略）其侭《そのまま》、九州に渡って帰りに大坂に寄って大坂町奉行、矢部駿河守定謙に告げ浜田地方に気をつけさせた。矢部駿河守は隠密（探偵）を浜田に遣って探らせて確かな証拠を握り、吏を遣って八右衛門と三兵衛とを捕縛し大坂に連れ帰らした。

内閣文庫所蔵の『通航一覧続輯』に「天保七丙申《ひのえさる》年六月、朝鮮国持竹嶋え致渡海候もの共、今般、大坂町奉行より寺社奉行井上河内守え引渡に相成、水野越前守御掛」とあるから、大坂町奉行の矢部駿河守が、浜田事件摘発の主役を演じたことは確かである。林蔵は津軽領から日本海の沿岸・四国・九州・南海を舟で乗り回したとき、石見の浜田に立ちより密貿易品を手に入れたにすぎない。

林蔵の探偵として有名なものに、薩摩藩の領内を探るため経師屋《きょうじや》の弟子《でし》となって、居ること三年、たまたま城内に張り替えの修理があったので、経師屋に従って入りこんだというのがある（小宮山綏介『徳川太平記』）。これも怪しいものである。海岸異国船掛の林蔵が、一薩摩藩の内情を探るため、経師屋の弟子となって三年ものんびりしていることができたであろうか。

林蔵には国家的なもっと重要な仕事があったはずである。おそらく前に記述した、四国・九州を回ったとき薩摩の領内に入りこんだのが誤り伝えられたのであろう。

天保七（一八三六）年七月二五日、エトロフのノトロ崎の沖にロシア船一艘が現れ、端艇をおろして日本の漂流民二人を海岸に送り届け、さらにその翌二六日の夕方、一人の日本人をヲイトに上陸させてから去った。エトロフの警備が手薄のため、ロシア船を打ち払うことができなかったからである。

この三人の日本人は越後の船乗り伝吉（二七歳）、漁師長三郎（四八歳）、漁師忠次郎（二八歳）で、天保五（一八三四）年の秋サンドウィッチ島（ハワイ）に漂着し、同年冬アメリカ船によってロシア領のアルハンゲルスクに送られ、さらに翌六年の春オホーツクに移り、同所からエトロフに送られてきたものである（内閣文庫『天保雑記』）。

この一件は九月一一日松前藩から江戸の幕府に報告された。幕府は漂流民の処置に関し、松前藩に指示を与えるとともに、林蔵に隠密御用を命じ江戸を出発させたのであろう。天保九年のものと推定された『水戸藩史料』所収藤田東湖の断簡に「間宮林蔵、一昨年より処々、微行、三年ぶりにて去々月帰宅」とある。このとき林蔵が蝦夷地に渡ったかどうか不明であるけれども、とにかく林蔵が前記の漂流民一件に関して隠密御用を命ぜられたことは、藤田東湖の断簡中の一節によって察し得られる。

（林蔵と）対話の処、一昨年も鄂虜（ロシア）、越後の漂流人を蝦夷地護送□の書を□書中不レ可レ知候へ共、追々、鎌府（幕府）より、だましだまし置候事故、此方は何と歟《か》、返書不レ致候ては不二相成一候処、右様の事へ懸念の人、当路に一人なく困り候との説話、其説を究め度候へ共、明し不レ申候（『水戸藩史料』）。

右の文のなかにある「懸念の人、当路に一人なく」は天保九年三月、三年ぶりで林蔵が江戸に帰ると、すでに老中の大久保忠真は死亡し、有力な相談相手を失って困っているという意味だろう。海岸防備に関することではあるまいか。

林蔵の家庭

❖退職を望んだ林蔵

函館図書館所蔵の『四方譚《よもばなし》』によると、林蔵は老後にいたり、頭役の人のところに行き、老衰を告げ、妻子眷族《けんぞく》もない身の上であるから普請役の株式を返上したいと願書を提出した。すると頭役の人は興《きょう》をさまして、実子がなければ、養子をたてて老を養うのが世間の通法である。故もないのに願うことはないと、利害を諭《さと》した。けれども林蔵はこれに従わず、無用の番代を願うにおよばない。老後の手当は郷里に帰れば少しも事欠くことはないと、強情にいい張るので、頭役の人ももてあまし、退職の願いは同僚の預かりにしておいたという。

渡辺崋山の『全楽堂日録』（天保二年）に「悴《せがれ》を召し出そうというのに固辞した」とある。この悴というのは本家治兵衛家の次男、哲三郎（のち正平）である。天保二年といえば哲三郎は一〇歳（文政四年五月一八日出生）の少年で、郷里の林蔵の生家をついだばかりである。地方農村の人は先祖伝来の家屋・田畑を守る思想が強いので、林蔵の親戚の人びとも哲三郎が幕臣になって、林蔵の生家を空家にすることに反対であったろうし、林蔵も同様の意見を持っていたであろう。林蔵が郷里に帰ることを望んだのは、このあたりに真の事情があったように思われる。現代の都会のサラリーマンが、晩年郷里に帰るのと同じである。

栗本鋤雲《くりもとじょううん》の『独寐寤言《ひとりねねごと》』によると、晩年の林蔵は時々戸川播磨守の家にきて夜譚《よばなし》し、一酌陶然《いっしゃくとうぜん》ののち、家に帰るのが面倒だとて泊まることもたびたびで、そのときは家人に請うて一片の蒲団《ふとん》を借り、常に帯もとかず、そのまま座敷のすみに横になって眠ったという。林蔵は夏も蚊《か》帳《や》をつらず、冬も炉にあたらず、十年一日、仙人のようであったという。

某書に、右の戸川播磨守は「勘定奉行として林蔵の上司であったが、かつては箱館奉行をしたこともある」とあるけれども、箱館奉行をつとめた戸川筑前守安論《やすとき》は文政四（一八二一）年三月二三日死亡し、この戸川播磨守は天保一三（一八四二）年二月一七日、勘定奉行になった安清である。

天保一五（弘化元年、一八四四）年をむかえると、林蔵の体力は次第に衰えてきた。それを見かねた上司のすすめがあったのだろう。浅草蔵前の札差《ふださし》、青柳家の次男、鉄次郎を養子にすることを林蔵も承諾した。故岡田毅三郎翁は生前孝順（鉄次郎）夫妻と面談、養子縁組みについての話を聞いたが、それによると当時、林蔵は本所外手町に住んでいて、生存中養子縁組みの話がもちあがっていたという。一五歳の少年ながら鉄次郎は悧発《りはつ》で数学を得意としたので、林蔵の気にいったと伝えられる。

かくて林蔵は青柳家の人びと、および内妻「りき」の手厚い看護を受けつつ、弘化元（一八四四）年二月二六日、永眠した。行年、六五。

茨城県の間宮家において保管する内妻「りき」の書簡には次のように記載されてある。

急ぎ候間、仁儀は真平、御免被下候。然ば林蔵儀、今日七ツ半時頃ヨリふと打ふし、持（自?）用ならず候ニ付、色々手当テいたし候得共、宜敷方《よろしきかた》も相見へず、誠ニ困入候間、何卒、此状参り次第ニ此者同道ニて御出被レ下度、偏《ひとえ》ニ持（頼?）入候。尤、いし事申候ニハ余病出不レ申候ハバ、くわ（火）急の事も無二御座一候得共、御大切儀ニ候間、御手当テ大（第）一と申事ニ候ハバ、くれぐれ御談事申度事計り山々御座候間、御出之程、偏ニ偏ニ御まち申上まいらせ候。余者、御出の上ニて万々申上度、先は右之段願計り如レ此ニ御座候。あらあらかきとめまいらせ候。猶又くわ（詳）敷《しき》事ハ此者ヨリ御聞取可二被レ下一候事。

二月十九日、暮六ツ時認メ　　間宮内

利き

飯沼甚兵衛様

大急用

郷里から本家治兵衛家の当主浦七がいそいで出府し（二代間宮正倫談）、また林蔵の危篤をきいた一二代将軍家慶《いえよし》は銀子若干を見舞いとして林蔵に贈ったという（森銑三先生示教）。

❖林蔵の死後

勘定奉行戸川播磨守・石河土佐守・榊原主計頭は、林蔵の死を秘して、跡目相続についての伺書を幕府に提出し、死後六か月を経過した同年八月二六日、正式に決定（小川琢治『間宮林蔵』）、鉄次（二）郎は召使を伴って本所外手町の家に入り、ついで嘉永元（一八四八）年、一四歳の美貌の「とよ」を妻としてむかえた。「とよ」は前名を「宇佐美きん」という、歌にもなった評判の美人で幕府御坊主衆取締の女《むすめ》であるという。

鉄次郎は諱《いみな》を孝順という。安政《あんせい》元（一八五四）年にはカラフトを見分したこともあり、普請役から累進して御広敷添番頭（御目見以上）になった。明治二四年六月一〇日死去（間宮馨氏示教）。

系図・林蔵─孝順─孝義─馨─林栄

常陸（茨城県）の生家は養子の哲三郎が嗣ぎ、同村の石野家から「まち」を妻としてむかえた。哲三郎は明治の初期、「正平」と改名し、明治三四（一九〇二）年一月一七日、七九歳で死亡し、「まち」は明治三九（一九〇六）年一月九日、八〇歳で逝去《せいきょ》した。

林蔵の法名を威徳院巍誉光念神佑大居士という。林蔵の墓は二つある。茨城県つくばみらい市上平柳専称寺境内にあるものと、東京都江東区平野二丁目浄心寺内本立院にあるものとがそれである。上平柳の墓碑には「間宮林蔵墓」と刻してある。東京の墓碑は正面に「間宮林蔵蕪崇之墓」とあり、その側面に「天保十五年二月二十六日歿」とある。法名を顕実院宗円日成信士という。

松浦静山の『甲子夜話続篇』に「ただ一人の雇婆ありて留守をなす」とあるが、この雇婆がすなわち「りき」である。はじめは雇傭人であったのが、いつの間にか妾になったものと思われる。「りき」は林蔵の死後、孝順と一緒に暮らしていたのであるが、その後深川の冬木町と蛤町の路地の奥に移り、林蔵の遺金によって金貸しを渡世にしていた（『広瀬六左衛門雑記』、森銑三先生示教）。故岡田毅三郎翁が孝順夫妻から聞いた話によれば、女手一つでは金貸しもうまくゆかず、次第に営業不振となり、本所外手町に住む孝順夫妻のもとに泣きこんだ。元来「りき」は林蔵の正妻ではないのであるが、孝順夫妻も林蔵の未亡人としてできるだけのことを尽くし、引き続いて面倒をみたばかりでなく、万延《まんえん》元（一八六〇）年、「りき」が逝去すると火葬（本立院の過去帳には火桶とある）に付し、林蔵の墓のかたわらに葬り、仮名で「まみや」ときざんだ墓碑をたてた。この墓碑は大正一二（一九二三）年九月一日の関東大震災まであったが、その後片づけられて今では所在不明である。某書に戦災まであったとあるけれども、昭和七（一九三二）年春、筆者が故山本勝太郎氏（元禄時代の経済学的研究の著者）とともに墓参したとき、この墓碑はすでになかった。

蝦夷地に関係した幕臣のなかで、その名に蔵の字がつき、しかも世に知られた人が三人いた。林蔵と近藤重蔵と平山行蔵である。行蔵は兵学者として名高く、文化四（一八〇七）年、フォストフ事件の直後、無頼の徒をひきいて蝦夷地におもむきロシア人を撃退したいと幕府に上書したことがある。世人は、この三人を蝦夷の三蔵または文化の三蔵とよんだという（『北辺紀聞』、『独寐寤言』）。

おわりに

わたくしが間宮林蔵研究に着手してから、すでに四〇余年を経過した。その間、研究の成果を昭和一二（一九三七）年、『いばらき』新聞紙上、および昭和一四（一九三九）年より雑誌『伝記』、『日本及日本人』誌上に発表したが、不幸にも昭和二〇（一九四五）年四月一三日の空襲で、東京都王子区堀船町一丁目九二六番地の自宅が全焼し、それまでに蒐集した資料をすべて焼失した。それから戦後の食糧不足に苦しみながら、再び資料の蒐集につとめ、ようやく本書を刊行し得るようになったのである。

顧みれば昭和一二（一九三七）年の春から故望月茂先生、同年秋から森銑三先生の御指導を受けたことは筆舌につくしがたい。ことに森先生の御好意により、同先生所有の『広瀬六左衛門雑記』を読んで林蔵に関する記事のあることを知り得たのは、このうえもない幸いであった。また最上徳内研究家の故皆川新作先生とは、特に昵懇《じっこん》にしていただき、互いに資料を提示しあい、また研究について意見を交換し、興につられて深更におよんだ時には同先生宅に泊まって御厄介になったことは忘れがたい思い出であるとともに、浅学菲才のわたくしにとって極めて有益なことであった。ことに東洋文庫所蔵の『陸奥州駅路図』第五巻が林蔵の参補したものであることを教えていただいたのは、誠にありがたいことであった。高齢でありながら昭和三二(一九五七)年一月一二日、八〇歳で感冒のため永眠されるまで、図書館かよいをされた同先生の御努力に対し改めて敬意を表したい。

わたくしの所属する三古会の方々からも非常な裨益を受けた。ことに畏友谷沢尚一先生から、いろいろ珍しい資料を教えていただき、松本誠先生は、御所蔵の『北夷考証』の筆写を快く許して下さった。丸山秀夫・故渡辺刀水・故小松原濤・故芦田伊人・竹下英一・杉村英治・鈴木常光・北川博邦・向井信夫・吉田武三・成瀬正躬の各先生からも教えを受けたことは忘れられない。

本稿執筆にあたり、小川琢治博士の『間宮林蔵、樺太并満州探検事蹟』(『地学雑誌』一八九号)、森銑三先生の『間宮林蔵』(『森銑三著作集』第五巻)を資料として利用することを許して下さった小川環樹博士および森銑三先生に厚く御礼を申し上げたい。数多い林蔵伝のうちもっともすぐれたこの両書に負うところが多かった。林蔵と高橋景保との関係を最初に明らかにされた小川博士の功績、林蔵の晩年に関する数多い資料を発見された森銑三先生の御努力には心から敬意を表するのほかない。

シーボルトについては呉秀三博士の『シーボルト先生、その生涯と功業』、同博士訳『シーボルト江戸参府紀行』、『日本交通貿易史』、斎藤信博士訳『シーボルト江戸参府紀行』、シーボルト文献研究室編『施福多先生文献聚影』、樋口秀雄氏『江戸の犯科帳』を、本木庄左衛門については渡辺庫輔氏『崎陽論攷』を、馬場佐十郎と吉雄権之助については呉秀三氏『馬場佐十郎』、『吉雄権之助』(『シーボルト先生』)を、伊能忠敬と林蔵との関係については大谷亮吉氏『伊能忠敬』、および千葉県佐原市伊能忠敬記念館所蔵の『忠敬日記』、『忠敬書簡』、『景敬書簡』、『高橋景保書簡』、『贈間宮倫宗序』などを資料として利用させていただいたことを明記し、厚く御礼を申し上げる。

日独文化協会編『シーボルト研究』所収の芦田伊人、箭内健次両先生の論攷に負うところも多い。『皇輿全覧図』の「く」の字型のサガリインというのは芦田・箭内両先生の用いられた字句である。しかし『蝦夷拾遺』中のカラフトに関する記事が最上徳内の業績としてシーボルトの著『日本』に訳載されてあるのを、両先生は徳内かシーボルトの偶然の誤りと解釈されたが、わたくしのみるところは、両先生と異なり、これを徳内が故意にシーボルトに徳内の名義で売りこんだものと判断した。徳内のシーボルト訪問の目的は、彼自身の売りこみにあったと考えられるからである。

シーボルト著『日本』収載の「一七八五年、最上徳内と称するカラフト図が享和元年、高橋次太夫・中村小市郎の図」であることは、すでに高倉新一郎・柴田定吉両氏の指摘せられた

（『我国に於ける北海道本島地図の変遷』）ことであるが、筆者はこれを最上徳内の自己宣伝によるものと見るので、単にシーボルトの誤りと解釈することはできない。徳内は山気の多い男で、生存中「其人となり世智に賢く鉋まで抱二豺狼之宿志一（おおかみのごとき、おそろしき心をいだき）、懸河雄弁、蕩々として蘇《そ》秦《しん》張《ちょう》儀《ぎ》に劣らず」（国会図書館『吾妻織錦絵雙紙』）という評判をとったほどである。他人の業績を徳内のものとしてシーボルトに売りこむことなど、徳内においては日常茶飯事のようなものであったろう。

内閣文庫の図書閲覧について便宜を取り計らって下さった同文庫の故山田量一および福井保、横山恵一の各氏はじめ職員の方々には、御礼の申し上げようもない。内閣文庫の図書閲覧が許可されなかったら、本稿はできあがらなかっただろう。

昭和一三（一九二八）年の秋、わたくしが函館に行って函館図書館の図書閲覧をしたとき、同館長の故岡田健蔵先生から『四方譚』のなかに林蔵に関する記事のあることを教えていただいた。また昭和四四（一九六九）年の夏、次男良久が函館へ行ったとき、および引き続いて御世話になった元函館図書館長の元木省吾、現館長の西嶋百合太郎、同館員の岡田弘子の各先生の御好意は忘れられない。

東洋文庫の岩崎富久男、小山勲、日本学士院の吉田舜の各氏にも感謝したい。

昭和一五（一九四〇）年より永いあいだの御《ご》眷《けん》顧《こ》をいただいた高倉新一郎博士、および内閣文庫の『通航一覧続輯』にシーボルト事件関係の記事があることを教えて下さった箭内健次博士ならびに研究について御助力を賜った故市村瓚次郎博士・故風見章・白鳥芳郎博士・杉本つとむ博士・小西四郎博士・日本大学の松村潤・元文部省図書編修課長井上赳・元貴族院議員結城安次・故金田一京助博士・菅原繁蔵・岸田久吉博士・故山本勝太郎・峯村光郎・吉田寛・伊藤弥之助・朝倉治彦・横島寿夫・林正章の各先生および故岡田毅三郎・故二代間宮正倫・故間宮三男也・本立院住職石井勝賢ならびに染谷大樹・西村定迎・竹内栄吉・飯田巌・田辺弥砂露・川上周作の各氏、一身上の御世話になった栃木浅吉・川北長一郎・石引一朗・酒井永治・牛込三郎・仁藤友雄・村上次郎の各先生、研究に援助を惜しまれなかった加藤家及び川北洋太郎先生、間宮孝順関係文書の閲読を許して下さった故間宮馨氏と登美代夫人にも深謝の意を表したい。

清水書院から執筆を依頼されてからすでに三年を経過した。それまでお待ち下さった同書院の島袋雅夫・堀江章之助・飯田隆夫の三氏には、お詫び申し上げるとともに感謝せざるを得ない。

わたくしの一身上のことにつき、いろいろと面倒を見て下され、拙稿の出版を待ち望んでおられた宮本増蔵先生が昭和四二（一九六七）年一〇月二四日、および染谷すぎ伯母が昭和四八年二月九日、九二歳で永眠され、本書をお目にかけることのできないのを残念に思う。

昭和四八年一〇月

赤羽榮一しるす

間宮林蔵年譜

算用数字は月・日

西暦	西暦	年齢	年譜	参考事項
一七八〇	安永 九	1	林蔵、常陸国筑波郡上平柳（今のつくばみらい市上平柳）に生まれる。 ロシア人、ウルップに現れ、その船が大津波のため大破。	イギリス、オランダに宣戦布告する。マリア=テレジア、逝去する。
八五	天明 五	6	徳川幕府、普請役を蝦夷地に派遣し調査させる。	
八六	六	7	最上徳内、エトロフ・ウルップに渡る。幕府、蝦夷地調査を中止。一〇代将軍家治が逝去。	プロシア王フリードリヒ二世死に、フリードリヒ=ヴィルヘルム二世即位。
八七	七	8	3月、徳川家斉将軍宣下。6月、松平定信、老中首座となる。 フランス人、ラペルーズが韃靼海峡を探りデカストリー湾にいたる。	ロシア、黒海への進出を企て、オスマン帝国と戦争開始。
八八	八	9	林蔵、寺子屋通いを始める。	
八九	寛政 元	10	5月、東蝦夷ニシベツ・クナシリの蝦夷人が蜂起し、和人を殺す。	フランス革命おこる（バスティーユ牢獄の破壊）。
九〇	二	11	松前藩士高橋寛光、カラフトに渡り、西はコタントル、東はトウブツにいたる。	フランスの国民議会、貴族の称号を廃止。スウェーデン、ロシアと戦う。
九一	三	12	最上徳内と和田兵太夫、ウルップに渡る。	フランスのミラボー死す。

一七九二	寛政 四	13	林蔵、筑波山に登り、立身出世を祈願。 林子平、『海国兵談』を著し、幕府の処罰を受ける。 最上徳内と和田兵太夫、カラフトに渡る。 ロシアの使節ラクスマン、ネモロ（根室）に来航。	オーストリアとプロシア軍、フランスに進入。 フランス王ルイ16世、タンプル城に幽閉さる。
九三	五	14	幕府は目付石川将監と村上大学の二人を宣諭使として松前に派遣し、ラクスマンと会見させる。 松平定信、職を退く。	フランス王ルイ16世、処刑される。 フランスのマラー、暗殺される。
九六	八	17	イギリス人ブロートン塔乗のプロビデンス号、蝦夷地アブタに来航。	ナポレオン、イタリアに進入。 ロシア皇帝エカテリナ二世、逝去し、パーヴェル一世即位。
九七	九	18	大原左金吾、『北地危言』を著す。 ブロートン、カラフトの西海岸に沿って進み、北緯五〇度四五分の地点に達する。	ナポレオン、オーストリアのウィーンに迫り、オーストリアを屈服させる。
九八	一〇	19	幕府、目付渡辺久蔵・使番大河内善兵衛に蝦夷地巡視を命ずる。 近藤重蔵・最上徳内・木村謙次らエトロフに渡る。	ナポレオン、エジプト遠征。
九九	一一	20	幕府、浦河以東の東蝦夷地を松前藩より上納させる。 幕府、書院番頭松平忠明を総奉行として、蝦夷地経営を担当させる。 林蔵、村上島之允に伴われて蝦夷地に渡る。	イギリス・オーストリア・ロシアの第二次対フランス大同盟が結成さる。 ナポレオン、クーデターに成功。

一八〇〇	寛政一二	21	林蔵、箱館において伊能忠敬と師弟の約を結ぶ。8月、林蔵、普請役雇となる。 幕府、シリウチ川を境として東蝦夷地を直轄する。	フランスの統領政治が始まる。 ナポレオン、マレンゴーの戦いでオーストリア軍を破る。
〇一	享和　元	22	深山宇平太と富山元十郎、ウルップに渡る。 高橋次太夫と中村小市郎、カラフトを探検。	ロシア皇帝パーヴェル一世、暗殺され、アレクサンドル一世即位。
〇二	二	23	林蔵、病気のため辞職。 幕府は蝦夷地奉行を設置し、戸川安論と羽太正養をその奉行とする。ついで箱館奉行と改称する。	ナポレオン、終身統領となる。
〇三	三	24	林蔵、病気回復し、復職。 松田仁三郎、エトロフに渡り、越年。	イギリス、フランスに宣戦布告。
〇四	文化　元	25	9月、ロシア使節レザノフ、長崎に渡来。	ナポレオン、フランス皇帝となる。
〇五	二	26	林蔵、蝦夷地シツナイに勤務。3月、レザノフ、幕府の目付遠山金四郎・長崎奉行肥田豊後守・成瀬因幡守と会見ののち、長崎を去る。	トラファルガーの戦いで、イギリスのネルソン、フランス・スペインの連合艦隊を破る。
〇六	三	27	林蔵、エトロフに渡る。 ロシア人フォストフの一隊、カラフトを襲う。	ナポレオン、大陸封鎖令を布告。
〇七	四	28	幕府、西蝦夷地を松前藩より上納させ、全蝦夷地を直轄地とする。 ロシア人フォストフの一隊がエトロフを襲い、林蔵、防戦につとめる。6・21、林蔵、箱館奉行の取り調べを受け、のち江戸に帰る。直ちに蝦夷地勤務を命ぜられ、松前に下向する。	ナポレオン、ワルシャワ大公国を建てる。
〇八	五	29	1月下旬、林蔵、松前を出発し、3・12、ソウヤに到着。	

			4・13、松田伝十郎とともにソウヤを出船し、カラフトのシラヌシに渡る。5・21、シレトコ岬のシャックコタンにいたり、同地より引き返す。マーヌイより陸地を越え、西岸のクシュンナイに出て、北進し6・20、ノテトに到着する。松田伝十郎は6・9、ノテトに到着し、6・20、ラッカにいたり、カラフト離島に相違なしと認めてノテトに帰る。6・22、林蔵は伝十郎とともにラッカにいたり、ここから引き返して閏6・20、ソウヤに帰り、松前奉行河尻肥後守に報告する。伝十郎は松前に帰ることを命ぜられ、林蔵はカラフト再見分を申し渡される。7・13、再びソウヤを出船、カラフトのシラヌシに渡る。トッショカウにいたり引き返し、トンナイにおいて越年。	
一八〇九	文化六	30	1・29、林蔵はシラヌシを出立、5・12、ナニヲーにいたる。ここから引き返し、5・19、ノテトに帰る。6・26、酋長コーニらとともに東韃靼に渡り、7・11、デレンに到着、満州の官吏に会う。7・17、帰路につき、黒龍江を下り、8・8、ノテトに帰り、9・28、ソウヤに戻り、11・27、松前に帰着。	
一〇	七	31	林蔵、村上貞助とともに報告書作製に従事、『東韃地方紀行』『北夷分界余話』『北蝦夷島図』を著す。11月、林蔵帰府の途につく。3月、高橋景保の『新訂万国全図』筆写図できる。	ナポレオン、オーストリア帝の女マリア＝ルイザと結婚。オランダ、フランスに合併される。
一一	八	32	1月、林蔵、江戸に到着し、3月、幕府に『東韃地方紀行』『北夷分界余話』を提出する。林蔵、退職を出願したが許されず、一生無役となる。4月、林蔵、松前奉行支配調役下役格となり三〇俵三人扶持を支給される。5・19、林蔵、伊能忠敬を訪問。以後、しばしば忠敬を訪問。	ナポレオン二世生まれる。

			6・2、司馬江漢を訪問。6・4、クナシリにおいてロシア海軍少佐ゴローウニンが捕えられる。11・25、林蔵、深川富岡八幡宮において伊能忠敬の出立を見送る。12月晦日、林蔵、江戸を出立し蝦夷地に下る。	
一八一二	文化 九	33	2月、林蔵、松前の獄舎にゴローウニンを訪う。この秋に林蔵、帰府し、9・29再び蝦夷地に下る。	ナポレオン、ロシアに遠征し、モスクワにおいて敗退。
一三		34	林蔵、西蝦夷地海岸を測量。9月、ゴローウニン、ロシアの海軍少佐リコールドに引き渡される。	ナポレオン、ライプチヒの戦いで大敗。
一四	一一	35	9・25、伊能忠敬より蝦夷会所の林蔵に手紙を送る。林蔵蝦夷地測量。	ナポレオン、エルバ島に流される。
一五	一二	36	林蔵、蝦夷地の測量続行。 伊能忠敬、伊豆七島測量の命を受けたが、老衰のため門弟に代行させる。	ナポレオン、エルバ島を脱出し、再び皇帝となるが、ワーテルローの戦いに大敗し、セントヘレナ島に流される。
一六	一三	37	8・17、林蔵、アッケシに止宿。	イギリス、オランダにジャワ返還。
一七	一四	38	林蔵、江戸に帰る。	アメリカ、大統領にモンロー選出。
一八	文政 元	39	4・13、林蔵、伊能忠敬の死に会する。	
一九	二	40	林蔵、蝦夷地内部の測量にかかる。	
二〇	三	41	林蔵、蝦夷地内部の測量続行。	清、嘉慶帝死去し、道光帝即位。
二一	四	42	林蔵、蝦夷地内部の測量続く。 6月、伊能忠敬『大日本沿海輿地全図』と『実測録』なる。	ギリシアの独立戦争。 ナポレオン、セントヘレナにおいて死亡。

一八二二	文政五	43	12月、幕府、全蝦夷地を松前藩に返還。6月、松前奉行、廃止される。林蔵、江戸に帰り、7月、普請役となる。	ギリシア、独立を宣言。
二三	六	44	7月、シーボルト、長崎に渡来。9月、林蔵、古賀侗庵の訪問を受ける。	アメリカ、モンロー宣言。
二四	七	45	5・28、イギリスの捕鯨船、常陸の大津浜の沖に現れ、その乗組員が上陸し、抑留される。林蔵、代官古山善吉らとともに大津浜に行く。7月、イギリスの捕鯨船が薩摩領の宝島の沖に来り、その乗組員が上陸し、牛を奪い、番所へ鉄砲を打ち込む。8月、林蔵、安房上総御備場掛手附を命ぜられ、本州東北の海岸を巡視。	イギリス人、マラッカを略取。
二五	八	46	林蔵、本州東北の海岸の巡視を続行。2・19、幕府、異国船打払令を発布。	ロシア皇帝にニコラス一世即位。
二六	九	47	3月、蘭医シーボルト、江戸に来り、長崎屋に滞在し高橋景保と面談。8月、林蔵、老中の大久保忠真に「異国船渡来に付、廻船幷漁業之人気不穏風聞有之候に付、右船相近候様取計方御内慮奉伺候書付」を提出。10月、海岸異国船掛を命ぜられる。12・24、古賀侗庵を訪問する。	ロシア、ペルシアと開戦。イギリス、ビルマ（ミャンマー）と戦い、アッサムを略取。
二七	一〇	48	高橋景保とシーボルトとが文書の往復、物品の贈答をする。	ロシア、ペルシアと和議を結ぶ。
二八	一一	49	3月、シーボルト発送の小包が林蔵に届けられる。林蔵、その小包を包みのまま勘定奉行に届ける（正規の手続）。10・10、高橋景保、捕縛され、ついで関係者一同が幕府の取り調べを受ける。	ロシア、オスマン帝国と開戦。
二九	一二	50	2・16、高橋景保、獄中にて死亡。6月、近藤重蔵死亡。	ロシア、オスマン帝国との和議成立。

一八三〇	天保 元	51	12月、シーボルト、長崎を去る。3月、シーボルト事件の関係者にそれぞれ判決の申し渡しがあり、死後の高橋景保は死罪となる。林蔵、海防掛の隠密として備前の鞆の津にいたる。	フランスの七月革命。ベルギー、独立する。
三一	二	52	10月、林蔵が加藤桜老の訪問を受ける。11月、年一〇両の手当を支給される。	
三三	四	54	9月、連年米穀凶作のため、林蔵が勘定奉行に上書して、「田地をつぶして梨畑となし、或は花畑・植木などすること停止あるべし」と建議する（富村登『山田三川』）。12月、林蔵、足高二〇俵を支給される。	イギリス、工場法制定。奴隷廃止法成立。
三五	六	56	林蔵、四国筋より帰り江戸にあり、水戸藩士友部好正と面談。11月、川路聖謨、勘定吟味役となる。	
三六	七	57	6月、石見国浜田事件（密貿易）おこる。林蔵、その発覚の端緒をつくる。9月、最上徳内死去。	ルイ=ナポレオン、革命運動おこすが、失敗。
三七	八	58	2月、大塩平八郎、大坂に乱をおこす。3月、老中大久保忠真、死去。	イギリス、ウィリアム四世死亡し、ヴィクトリアが即位。
三八	九	59	5月、藤田東湖が水戸斉昭より林蔵を訪うべきの命を受ける。12月、林蔵、病床にあり、藤田東湖を通じて斉昭の見舞いを受ける。	フランス、メキシコと開戦。
三九	一〇	60	3月、林蔵、藤田東湖に病気見舞いの礼状を送る。	オランダ、ベルギーの独立承認。
四一	一二	62	5・1、林蔵、水戸藩士西野宣明の訪問を受ける。	欧州の列国とオスマン帝国との条約（海峡条約）成立。
四四	弘化 元	65	2・26、本所外手町において林蔵、永眠する。	ギリシア、無血革命成功。

一九〇四	明治三七		4・22、林蔵に正五位が贈られる。
四二	昭和一八		3・31、東京の日比谷公会堂において、間宮林蔵百年祭挙行される。

（三省堂編集所編『最新世界年表』参照）

参考文献

出版の目的により本文中、その都度、参考文献名を挙げられなかったので、ここに主要な文献を列記する。（保管機関名略称。内閣文庫―内閣　国立国会図書館―国会　函館図書館―函館　東洋文庫―東洋　日比谷図書館―日比谷　静嘉堂文庫―静嘉　宮内庁書陵部―宮内）

『カラフト島見分仕候趣申上候書付』　間宮林蔵　函館蔵
『カラフト島大概地図凡例』（『蝦谷叢説』所収）　間宮林蔵　函館蔵
『カラフト・サカリイン島地名大概附会之書付』（第二回書信）　間宮林蔵　内閣蔵
『東韃地方紀行』　間宮林蔵　内閣蔵
『東韃地方』　間宮林蔵　間宮孝順献納本　内閣蔵
『北夷分界余話』　間宮林蔵　内閣蔵
『北蝦夷図説（木版）』　間宮林蔵　内閣蔵
『北蝦夷島図（三万六千分の一）・凡例』　間宮林蔵　内閣蔵
『間宮倫宗対問書』（山田聯『北裔備攷草稿』所収）　内閣蔵
『蝦夷地近傍大概地図』（大槻玄幹『蘭園日渉』所収）　静嘉蔵
『陸奥州駅路図』　秦檍丸撰　間宮倫宗参補　東洋蔵
『窮髪紀譚』　間宮林蔵説話・古賀侗庵門人筆記　宮内蔵
『蝦夷生計図説』　秦檍丸撰　間宮倫宗参補　函館蔵
『からふと島奥地見分仕候趣申上候書付』　東京大学人類学教室蔵
松田伝十郎　函館蔵
『北夷談』　松田伝十郎　内閣蔵
『赤蝦夷風説考（蝦夷地一件）』　工藤平助　内閣蔵
『赤夷属島起源』　菊地惣内　国会蔵
『狄艦事略』　庵原道麿　国会蔵
『蝦夷拾遺』　佐藤玄六郎　東洋蔵
『休明光記』　羽太正養　国会蔵

『休明光記附録』　内閣・国会蔵
『休明光記遺稿』　淡斎如水　国会蔵
『辺警紀聞』　国会蔵
『亜魯斉亜人来朝記』　内閣蔵
『北槎聞略』　桂川甫周・亀井高孝編　三秀舎　一九三七
『魯西亜人逢対記』　内閣蔵
『環海異聞』　大槻玄沢　東洋蔵
『未曾有記・続未曾有記』　遠山景晋　内閣蔵
『北島外寇録』　国会蔵
『北地日記』　久保田見達　内閣蔵
『北槎小録』　愛間主人（新楽閑叟）　内閣蔵
『北征秘談』　本木謙助　尊経閣　文庫蔵
『千葉政之進筆記』　内閣蔵
『鳥都魯府戦争記』　函館蔵
『ヱトロフ嶋地役同心申口』　函館蔵
『孵谷叢説』　勝孵谷　函館蔵
『千島之白浪』　平田篤胤　笑窮会蔵
『北辺紀聞』　国会蔵
『丁卯筆記』　国会蔵
『北警小誌鈔』（山田聯『日記』収載）　国会蔵
『文化丁卯松前異事録』　内閣蔵
『蝦夷騒乱記』　内閣蔵
『戊辰鎖夏記』　蔵用老人　内閣蔵
『山崎半蔵日記』　函館蔵
『蝦夷志料』　前田夏蔭編　国会蔵
『松前（元禄）島郷帳』（『続々群書類従』所収）　国書刊行会　一九〇六
『蝦夷志』　新井白石　東洋蔵
『蝦夷東西考証』　前田夏蔭　東洋蔵
『窮北日誌』　岡本文平　内閣蔵
『終北録』　高津泰　内閣蔵
『三国通覧図説』　林子平　内閣蔵
『辺要分界図考』　近藤重蔵　内閣蔵
『俟采摘録』　久坂通武　国会蔵
『春波楼筆記』（『日本経済叢書』第一二巻）　叢書刊行会　一九一五
『珠塵』　小宮山昌秀（楓軒）　国会蔵

『北夷考』　高橋景保　函館蔵
『北夷考証』　高橋景保　松本誠氏蔵
『新鐫總界全図・日本辺界略図』　高橋景保　国会蔵
『新訂万国全図』（筆写図・銅版図）高橋景保　内閣蔵
『蘭学事始附記』　大槻玄幹　静嘉蔵
『先考大業先生事迹略記』　間重新（渡辺敏夫『天文暦学史に於ける間重富とその一家』所収）山口書店　一九四三
『東北韃靼諸国図誌野作雑記訳説』　馬場佐十郎　内閣蔵
『北裔図説集覧』　山田聯　国会蔵
『北裔備考草稿』　山田聯　内閣蔵
『遭厄日本紀事』　馬場佐十郎等訳　ゴローウニン著　内閣蔵
『魯西亜人モウル獄中上書』　村上貞助訳　内閣蔵
『丙戌紀聞』　高橋景保　国会蔵
『奉使日本紀行』　クルーゼンシュテルン著　内閣蔵
『蝦夷国説』　東洋蔵

『伊能忠敬日記　書簡　景敬書簡　高橋景保書簡』　伊能忠敬記念館蔵
『輿地実測録』　伊能忠敬　内閣蔵
『大日本沿海実測録』　伊能忠敬　内閣蔵
『大日本沿海実測録附録』　伊能忠敬　静嘉蔵
『実測蝦夷地経緯度』　渋川景佑　水戸彰考館蔵
『蝦夷日誌』　松浦武四郎　国会蔵
『東奥辺陬遺事』　石坂省　国会蔵
『蝦夷地理数書幷雑説』　内閣蔵
『国泰寺日記』　国泰寺
『四方譚』　三承亭主人　函館蔵
『見聞偶筆・回天詩史・日記・藤田東湖』（『東湖全集』）一九〇九
『水戸藤田家旧蔵書類』　日本史籍協会　一九三〇
『南部風説書』　文部省史料館蔵
『通航一覧』（刊本）　国書刊行会　一九一二
『通航一覧続輯』　宮崎成身等編　内閣蔵
『異国船大津之着岸幷雑説』　内閣蔵
『大津着岸諳厄利亜船記』　日比谷蔵

『異船紀事』（攘夷志料） 日比谷蔵
『洋夷記』 内閣蔵
『天保雑記』 内閣蔵
『異国船渡来に付（中略）右船相近候様取計方御内
慮奉伺候書付』 間宮林蔵・河久保忠八郎書
簡（敬斎叢書所収） 国会蔵
『甲子夜話』 松浦清（静山） 内閣蔵
『甲子夜話続篇』（刊本） 松浦清 国書刊行会
一九一一
『楓軒年録』 小宮山昌秀（楓軒） 国会蔵
『夜談録』 山崎美成 日比谷蔵
『文政雑記』 内閣蔵
『高橋一件』（『西山漫筆』所収） 国会蔵
『高橋一件』 呉茂一氏蔵
『松寓日記』 西野宣明 国会蔵
『事実文編』（刊本） 五弓久文編 国書刊行会
一九一〇
『擬極論時事封事』 古賀侗庵 宮内蔵
『書満俗図略後』（『侗庵全集』所収） 古賀侗庵
国会蔵
『鉄研斎輶軒書目』（『文明源流叢書』第三巻）
斎藤拙堂 国書刊行会 一九一四
『日本風俗備考』（『文明源流叢書』第三巻） フイッ
セル著 杉田成卿訳 国書刊行会 一九一四
『懐往事談』（世界ノンフィクション全集・第五〇巻）
筑摩書房 一九六四
『西郷南洲逸話』（『名家談叢』所収） 重野安繹
談叢社 一八九六
『経済話』（『日本思想大系』）所収 海保青陵
岩波書店 一九七〇
『旧事諮問録』 東京帝国大学史談会 青蛙房
一九六五
『新談カラフト廻島記』 淡斎如水 函館蔵
『醇堂草稿』 大谷木忠醇 国会蔵
『幸田露伴日記』（『露伴全集』第三八巻） 岩波書店
一九五二

『侗庵日録鈔』（日記）　古賀侗庵
慶応義塾図書館蔵
『唐太植物写生』　小林源之助　東洋蔵
『川路聖謨文書』　大塚武松編　日本史籍協会　一九三三
『大日本近世史料』　東大史料編纂所　東大出版部　一九六五
『全楽堂日録』　渡辺崋山（近世文芸叢書）
国書行刊会　一九一二
『巷街贅説』（近世風俗見聞集）　国書行刊会
一九一五
『間宮林蔵の探偵』（徳川太平記）　小宮山綏介
一八九四
『間宮倫宗』　笹川種郎　一九〇〇
『間宮倫宗』（『新編常陸国誌』）　栗田寛　一九〇一
『間宮林蔵・樺太幷満洲探検事蹟』（地学雑誌一八九号）（『御普請役間宮林蔵に付御内意奉伺候書付』外、林蔵遺稿収載）　小川琢治　東京地学協会
松田伝十郎報告書ほか　一九〇四

『間宮林蔵』（『近藤重蔵』合冊）　長田権次郎
一九〇五
『間宮林蔵東韃行程考』（『志賀重昂全集』第二巻）
志賀重昂　一九二八
『間宮倫宗』（日本探検）　横山健堂　万里閣書房
一九三一
『当時の諸家の記述を通して見た間宮林蔵』（伝記）
森銑三　伝記学会　一九三五
『『間宮林蔵の晩年』（一九三九）、『おらんだ正月』（一九三八）とともに『森銑三著作集』第五巻（一九七一）に収載
『最上徳内と関係ある主なる人物』（伝記）
皆川新作　一九三六
『村上島之允の蝦夷地勤務』（伝記）　皆川新作
一九四〇
『カラフト周廻見分と最上徳内・間宮林蔵』（伝記）
皆川新作　以上伝記学会　一九四〇
『近藤重蔵』（『北進日本の先駆者たち』）　皆川新作
伝記学会　一九四一

『カラフト半島説とサガリン半島説』（伝記）
皆川新作　一九四三
『小関三英とその書簡』（小関三英書簡）　山川章太郎　東北大学シーボルト研究　日独文化協会
岩波書店　一九三八
『間宮林蔵の業績』　樺太庁博物館　一九三八
『黒龍江と北樺太』　鳥居龍蔵　生活文化研究会　一九四三
『間宮林蔵先生の偉業』　間宮林蔵顕彰会　一九五六
『間宮林蔵』（人物叢書）　洞富雄　吉川弘文館　一九六〇
『川路聖謨之生涯』　川路寛堂　一九〇〇
『川路聖謨』　田村栄太郎　日本電報通信社出版部　一九四二
（聖謨・大久保忠真につき右両書に負うところが多い）
『満洲及樺太』　小川運平　一九一〇
『伊能忠敬』　伊能登　忠敬会　一九一一
『蘭書訳局の創設』（史林）　新村出　一九一六
『水戸藩史料』　水戸徳川家　一九一五
『樺太の話』　中目覚　三省堂　一九一七
『伊能忠敬』　大谷亮吉　岩波書店　一九一七
『シーボルト先生』　呉秀三　図書「中山家文書」
吐鳳堂　一九二六
『ゴローウニン日本幽囚実記』　海軍省軍令部訳
聚芳閣　一九二六
『シーボルト江戸参府紀行』　呉秀三訳　駿南社　一九二八
『シーボルト日本交通貿易史』　呉秀三訳　駿南社　一九二八
『近世日本国民史』（文政天保時代）　徳富猪一郎
民友社　一九二八
『近代日本外国関係史』　田保橋潔　刀江書院　一九三〇
『クルーゼンシュテルン日本紀行』　羽仁五郎訳
駿南社　一九三〇
『高橋作左衛門景保の事蹟』（史伝叢考）　新村出
楽浪書院　一九三四

『施福多先生文献聚影』　シーボルト文献研究室
　荒井書店　一九三六
『新撰北海道史・第五巻』　北海道庁　一九三六
『東韃紀行　附録略伝　解説』　島田好
　大連図書館　一九三八
『シーボルト研究』　日独文化協会編　岩波書店　一九三八
『樺太探検の人々』　西鶴定嘉　樺太庁　一九三九
『我国に於ける樺太地図作成史』　高倉新一郎
　柴田定吉　北海道帝国大学北方文化研究室　一九四〇
『ロシアの東方政策』　矢野仁一　目黒書院　一九四二
『日本幽囚記』　ゴローウニン著　井上満訳
　岩波文庫　一九四三
『ペルリ日本遠征記』　土屋喬雄　玉城肇訳
　岩波文庫　一九四八
『我国に於ける北海道本島地図の変遷（二）』
　高倉新一郎　柴田定吉　北海道大学北方文化研究室　一九五二
『サハリン島』　チエホフ著　中村融訳　岩波文庫　一九五三
『高橋景保の借用蛮書覚書』（典籍）　安藤菊二
　典籍同好会　一九五七
『シーボルト』（人物叢書）　板沢武雄　吉川弘文館　一九六〇
『江戸の犯科帳』　樋口秀雄　人物往来社　一九六二
『シーボルト先生』　呉秀三著　岩生成一解説
　平凡社　一九六七
『江戸参府紀行』　シーボルト著　斎藤信訳
　平凡社　一九六七
『犯科帳』　森永種夫　岩波新書　一九六二
『崎陽論攷』　渡辺庫輔　親和銀行済美会　一九六四
『高橋景保の地理学』　上原久　埼玉大学紀要　一九七一
『世界回航記』　クルーゼンシュテルン著（英訳）　一八一三

さくいん

新《しん》・人《ひと》と歴史《れきし》　拡大版《かくだいばん》　28
未踏《みとう》世界《せかい》の探検者《たんけんしゃ》　間宮林蔵《まみやりんぞう》

定価はカバーに表示

2018年7月30日　　初　版　第1刷発行

著　者　　赤羽《あかば》　榮一《えいいち》
発行者　　野村　久一郎
印刷所　　法規書籍印刷株式会社
発行所　　株式会社　**清水書院**
〒102－0072
東京都千代田区飯田橋3－11－6
電話　03－5213－7151㈹
FAX　03－5213－7160
http://www.shimizushoin.co.jp

カバー・本文基本デザイン／ペニーレイン　　DTP／株式会社 新後閑
乱丁・落丁本はお取り替えします。　　ISBN978－4－389－44128－9